本书系河北省社会科学基金项目"河北'双一流'下高校服务地方经济社会发展研究"（HB21JY011

"双一流"背景下河北高校服务地方经济社会发展研究

张雅君◎著

燕山大学出版社

· 秦皇岛 ·

图书在版编目（CIP）数据

"双一流"背景下河北高校服务地方经济社会发展研究／张雅君著．—秦皇岛：燕山大学出版社，2023.5

ISBN 978-7-5761-0523-0

Ⅰ．①双… Ⅱ．①张… Ⅲ．①高等学校－学科建设－关系－区域经济发展－研究－河北 Ⅳ．①G642.3②F127.22

中国国家版本馆 CIP 数据核字（2023）第 082123 号

"双一流"背景下河北高校服务地方经济社会发展研究
"SHUANGYILIU" BEIJING XIA HEBEI GAOXIAO FUWU DIFANG JINGJI SHEHUI FAZHAN YANJIU

张雅君 著

出 版 人：陈 玉			
责任编辑：张 蕊		策划编辑：张 蕊	
责任印制：吴 波		封面设计：朱玉慧	
出版发行：燕山大学出版社 YANSHAN UNIVERSITY PRESS		电 话：0335-8387555	
地 址：河北省秦皇岛市河北大街西段 438 号		邮政编码：066004	
印 刷：涿州市殷润文化传播有限公司		经 销：全国新华书店	

开 本：710 mm×1000 mm 1/16	印 张：10.25	
版 次：2023 年 5 月第 1 版	印 次：2023 年 5 月第 1 次印刷	
书 号：ISBN 978-7-5761-0523-0	字 数：157 千字	
定 价：46.00 元		

前　　言

　　2015 年 10 月，国务院印发了《统筹推进世界一流大学和一流学科建设总体方案》，对高等教育内涵式发展作出新部署，为高校建设与发展指明了方向，开启了中国高校"双一流"建设的新征程。国家分别于 2017 年、2022 年公布了两轮"双一流"建设高校和建设学科名单，国内高校也纷纷对标"双一流"遴选标准开展了积极的建设。

　　2015 年 1 月，中共中央办公厅、国务院办公厅印发了《关于加强中国特色新型智库建设的意见》，我国新型智库建设进入了高速发展的时代。对于高校来说，除了教书育人、科学研究外，其社会服务的职能得到了前所未有的重视。

　　河北省高校数量多但强校很少，目前只有河北工业大学的一个学科入选"双一流"学科。在"双一流"建设的背景下，河北高校如何提升服务地方经济社会发展的能力，进而带动整个高校研究水平的发展，是一个值得研究与探索的问题。

　　本书系统梳理了"双一流"建设与高校服务地方经济社会发展的关系，并对地方高校"双一流"建设的现状进行了深入剖析，分析了中国科技政策，尤其是河北科技政策对高校服务地方经济社会发展的影响。在新的经济和社会发展形势下，"双一流"建设要怎么推进？科技成果转化应如何推行？本书着眼于研究前沿，采用独特的视角、多维度的指标以及典型地区的范例作了一些实证性的尝试与探索，既有时间维度的发展趋势，又有同类高校的横向对比，概括总结出了"双一流"建设推进过程中河北高校加强地方经济社会发展建设的政府作为以及高校自身的努力方向。希望本书的出版能对高校的"双一流"建设、社会服务能力提升起到引领和推动作用，对客观评价河北省高校"双一流"建设水平、服务地方经济社会发展能力提供参考和有益的借鉴。

作为 2021 年河北省社会科学基金项目"河北'双一流'大学建设契机下高校服务地方经济社会发展研究"（项目编号：HB21JY011）的研究成果，本书的出版得到了燕山大学出版社的大力支持与帮助，在本书的编写过程中，笔者参阅了大量的文献，因篇幅有限，仅列出主要参考文献，请有关专家、作者给予谅解。

受笔者水平和撰写时间所限，对于河北高校"双一流"建设以及服务地方经济社会发展分析的深度与广度、评价指标的选取以及统计方法的应用难免存在不足之处，敬请各位专家、学者、同行及读者批评指正。

张雅君

2023 年 3 月

目　　录

第 一 章

"双一流"建设与高校服务地方经济社会发展

第一节 "双一流"建设

一、"双一流"思想的发展

20 世纪 90 年代，为应对日益激烈的国际竞争，国家作出了实施"985 工程""211 工程"的重大决策，以期面向 21 世纪，重点扶持一部分高校，进而提升国内高等院校的整体办学水平和在国际上的影响力及竞争力。

1999 年，中共中央、国务院发布《关于深化教育改革　全面推进素质教育的决定》，对一流大学的建设标准有明确的论述，即具有世界先进水平，包含既出人才又出成果的基础研究和应用研究基地，能为国家创新体系建设和现代化建设作出贡献。2010 年发布的《国家中长期教育改革和发展规划纲要（2010—2020 年）》提出，要"建成一批国际知名、有特色、高水平的高等学校，若干所大学达到或接近世界一流大学水平"。

"双一流"是世界一流大学和一流学科的简称，于 2015 年被正式提出，国务院印发了总体方案，财政部、中宣部和教育部相继下发了实施办法，对"双一流"建设的总体布局、核心要素、改革举措、遴选标准和遴选方式进行了详细的阐述。此次"双一流"建设的目标定位为"中国特色、世界一流",体现了国家对高等教育发展的一个方向引导,国家拟通过这个指挥棒来完成政府资源的再分配,引导高等院校按照"双一流"遴选的标准调整自己的发展方向。因此,"双一流"建设势必对我国高等教育发展的格局产生深远的影响。

建设世界一流大学和一流学科,是党中央、国务院应对世界教育水平竞争出台的重大战略决策,中国高等教育的发展要有高校自身的特色,既要稳中求进,考虑高校自身的建设基础,又要继承创新,将现有优势和国家需求结合起来,创新管理模式,打造一个竞争开放、动态调整的改革发展环境。

2020 年 10 月,中共中央、国务院印发了《深化新时代教育评价改革总体方案》,方案中明确提出,要"制定'双一流'建设成效评价方法,突出培养一流人才、产出一流成果、主动服务国家需求,引导高校争创世界一流"[①]。

二、"双一流"建设研究综述

在教育界,关于"双一流"以及高水平大学的相关研究占比很大,很多学者给予其热切的关注。

首先,关于"双一流"大学的分类的研究。有学者专门研究世界一流大学比如欧美、日韩以及一些发展中国家的知名院校在学校建设方面的一些经验做法;或针对我国高校按照区域来划分发达地区、欠发达地区和普通地区院校,从宏观角度对学校建设提出意见建议;或根据高校所在层次,比如"985 工程"大学、"211 工程"大学、特色大学、行业高水平大学等进行分类,指出"双一流"建设应因地制宜,结合学校特色和优势来发展。

其次,关于"双一流"大学建设的内容和维度的研究。从宏观层面来看,学者们主要从大学人才培养、科学研究、社会服务、文化传承与创新这四大职能入手进行研究;从微观层面来看,已有研究主要集中在高水平大学的办学理念、核心要素、组织制度、资金支持、评估体系等方面。学者们虽取得

---

① 中华人民共和国教育部.中共中央、国务院印发《深化新时代教育评价改革总体方案》[EB/OL].(2020-10-13)[2020-11-03].http://www.moe.gov.cn/jyb_xxgk/moe_1777/moe_1778/202010/t20201013_494381.html.

了丰富的研究成果，但如何创建具有区域特色的一流大学或高水平大学依然是一项重要研究课题。

再次，关于"双一流"大学研究的相关方法。已有研究大多运用定性的研究方法考察国内外高水平大学理念、文化、制度等层面的主要特征，运用定量的研究方法从学科、师资、经费、国际化、成果等方面分析国内外高水平大学办学经验，还综合性地运用比较法、案例法等方法。

最后，关于"双一流"大学基本特征及对策的研究。学者们归纳提炼出高水平大学的主要特征，提出了高水平大学建设的可行性策略，主要集中在以下方面：独特的办学理念，建立和完善国家、地方、高校有效配合的制度保障体系，重视重点学科、特色学科和优势学科的建设，重视师资队伍的组建，重视人才培养模式的创新，注重与区域社会经济的融合，多元的筹资渠道。

总的来说，针对"双一流"建设的研究基本具有以下几个特征：第一，关于世界一流大学、高水平大学的研究是一个热点主题，经历了从国外到国内的探索、从概念辨析到制度创新、从模仿欧美到本土建构的转变。第二，有关某一个省或地区大学的研究素材有一些，对本研究的开展具有重要参考价值，但关于地方高水平大学、区域特色大学的研究偏重于点的介绍，系统概括性有待加强。第三，各个省份开展的"国内一流、世界知名"高水平大学建设工作中，关于地方大学建设目标的设定以及相关政策支撑，目前仍处于初步探索阶段，有待增加理论分析深度和其他案例的研究。

第二节　高校服务地方经济社会发展

一、高校服务地方经济社会发展政策背景

高校作为科技生产力发展和人才培养的一个重要结合点，服务地方经济社会发展是其主要职能之一。高校服务地方经济社会发展能力的提升，既是对世界高等教育发展规律的遵循，也是实现高校教育落地和更全面更好发展

的一个有效路径。早在 19 世纪末，美国就率先成立了一批直接服务地方经济社会发展的高校，随着 20 世纪初"威斯康星理念"的提出，再加上依托知名高校建立起来的波士顿 128 号公路和硅谷在世界上的声望越来越高，推动了一大批高新技术产业的发展。至此，其他国家也纷纷开始重视高校服务地方经济社会发展的重要作用。

"威斯康星理念"是威斯康星州立大学校长范海斯于 20 世纪初在一次演讲中提出的高等教育改革理念，意在指出高校在履行科研和教学职能之外，要打破传统的封闭状态，从人才培养和社会服务方面为地方区域经济发展提供支持，发挥高校服务地方经济社会发展的职能，直接为社会提供服务。

2010 年，《国家中长期教育改革和发展规划纲要（2010—2020 年）》提出，要推动地方高校转型发展，提高服务区域经济社会发展的能力水平。2018 年 9 月，习近平总书记在全国教育大会上强调："要提升教育服务经济社会发展能力，调整优化高校区域布局、学科结构、专业设置，建立健全学科专业动态调整机制。"面对新时代新形势新要求，地方高校应主动适应区域经济社会的发展，不断创新人才培养模式，增强学科专业建设和布局，开展产学研一体化合作模式，不断提升自身服务区域经济社会发展的能力。

从国外高校服务地方经济社会思想的发展到国内国家对地方高校提升服务区域经济能力的关注，高等教育与地方经济发展的关系已成为国内外学者研究的重点课题。开展这一研究不仅有助于高等教育自身向普及化、特色化、内涵式方向发展，而且也有助于高等教育与地方经济紧密结合，使二者能更加稳健、协调发展。

我国地方高校的社会服务是指地方高校对区域发展提供的人才培养、科研和咨询等方面的服务。目前，我国地方高校社会服务的内容和形式主要包括以下几个方面：一是人才培养培训服务，其形式包括地方高校培养本地人才和地方高校与当地企业联合培养人才两种。二是应用型科技成果研发服务，形式有高校与企业合作创办研发中心或建立科技园区、高校自主创办高新技术企业或以技术、专利入股的方式办企业、建立企业孵化器等。三是哲学社会科学研究服务，其形式包括理论研究和重大现实问题研究。四是地方咨询决策服务，一方面高校要与地方政府、部门、企业开展业务合作，为政府和企业提供有益的信息；另一方面高校要在服务的同时，创建适合地方经济社会的科学研究专业，拓展信息资源。

二、高校服务地方经济社会发展研究综述

国外方面：19世纪中期以来，高校服务地方经济社会发展引起了许多学者的关注，随着威斯康星理念在高校中的影响越来越大，有学者提出了建设"服务型大学"的观点，大力提倡大学积极发挥社会服务的职能，重视高等学校的社会服务，将服务社会作为实现高校自身价值的一个重要路径。20世纪60年代，教育经济学研究得到了空前的发展。美国著名经济学家西奥多·舒尔茨（Theodore W. Schultz）率先将资本分解为物质资本和人力资本两个模块，并对1929—1957年美国教育投资的成本和收益率进行了估算。他根据教育方面产生的资本收益率和资本存量进行定量分析，测算出了教育产生的经济效益。

苏联专家认为，在培养专业人才方面，高校教师的教学、科研与生产实践应该结合到一起，提高学校活动的效率和最终成果，使教育多为经济社会发展和科技进步作出贡献。"二战"后日本经济起飞，就大大得益于"官产学"结合体制的实施，即产业界、企业和政府以及大学、科研机构通力合作，通过加强大学和企业的联合研发、优化大学资源配置等措施，开发大学的智力资源，使其转化为直接生产力，作用于地方经济社会发展。美国于20世纪中期以斯坦福大学研究园为基础，缔造了一个世界知名的高新技术设计和制造中心——硅谷。硅谷的巨大成功也进一步印证了"产学研"结合模式的正确性。硅谷内部聚集的斯坦福大学、波士顿大学和麻省理工学院等世界知名大学不断研制和推出的高新技术成果为硅谷提供了雄厚的技术支持。英国的牛津大学城和剑桥大学城作为世界著名的大学城，是依托牛津大学和剑桥大学两所知名高校建设起来的，其发展是顺应高等教育和市场发展规律自然而然形成的。在政府财政支持和大学与城市形成良好互动的背景下，大学城与城市的发展融为了一体，有力地推动了当地经济的发展。同时，关于高校服务地方经济社会发展方面的服务机制、管理体制、服务内容、实现途径等，发达国家都开展了相关研究。

国内方面：在高校服务地方经济社会发展的必要性方面，国内学者的观点基本上一致，认为"社会服务"与"教学""科研"一样是高校必备的职能。针对高等教育的多样化发展的要求，以及地方高校在经济实力和教育资源上与"985工程""211工程"高校相差悬殊的现状，建议地方高校以"地方需求"为导向，吸收消化先进的科技成果，把服务地方经济社会发展作为提升学校核心竞争力的主要方式，进而调整自身教学、科研和人才培养的战略定位，实现高校发展和区域经济发展的良好互动。

针对高校服务地方经济社会发展存在的问题，很多专家学者也给予了充分的关注，认为主要包括以下几个方面：

首先，办学理念还未跳出传统的圈子。各高校比较注重招生规模的扩大和学科覆盖面的增加，对高校服务区域经济发展重视程度不够，在专业设置方面滞后趋同，与区域经济发展的真正需求衔接不上，培养的人才和地方经济需求不相符；一些学校和部分企业对于校企合作和科技成果转化缺乏全面的认知且积极性、主动性不足。

其次，科学的导向评价机制不太健全。社会服务机构设置不完善，也没有与之相匹配的成熟的制度，缺乏系统的制度体系。在高校教师的遴选、职称评聘和上岗考核中，对于其在高校服务地方经济社会发展的成果无法给予科学的评价和认定，影响了从事应用研究的科研人员的工作积极性。

再次，地方高校物质基础薄弱，经费不足。以河北省为例，河北省作为一个教育大省，高等学校的数量在全国排第8位，但在目前"双一流"高校的名单中，却只有河北工业大学的一个学科入选。造成这一现状的原因是多方面的，但地方高校的经费不足是一个重要因素。和邻近省份河南省相比，在2021年，郑州大学的经费预算比河北省高校经费预算前四名的总和还要多，河北师范大学作为河北省重点支持的院校，其经费预算也只是郑州大学的三分之一。经费投入不足，就会导致实验室建设及信息情报等建设的薄弱，使地方高校开展高科技含量的社会服务受到制约。例如，对于跟地方高校服务区域经济直接相关的经济与管理类仿真实验室，如果经费投入不足、实验室设备欠缺、人才紧缺，就难以开展服务区域经济建设的活动。

最后，科研成果转化率不高。科学研究是地方高校的重要职能，而科研成果除了要具有学术创新价值，还应具有重要的社会实用价值，能够直接转化为生产力，应用于当地经济社会发展。当前很多地方高校的科研课题任务并没有与企业生产需要相结合，科研成果也仅限于科学研究层面，并不能真正适用于企业生产实践并解决企业生产中的现实问题。

第三节 "双一流"建设与高校服务地方经济社会发展的关系

"双一流"建设与高校服务地方创新发展有着必然的紧密联系。面向经济社会主战场，讲求社会贡献度，充分体现了高校服务经济社会的重要性和必要性。"双一流"建设是教育领域的一项重大改革，需要完成建设一流师资队伍、培养拔尖创新人才、提升科学研究水平、传承创新优秀文化和着力推进成果转化这五大具体建设任务，每一项任务既与高校职能存在着内在的紧密联系，又与地方创新发展的需求密切相关。从高校自身角度出发，社会服务本就是其五大职责之一。在"双一流"建设过程中，高校应以更高的标准和要求履行好社会服务职责，使之成为推动自身"双一流"建设的内在强大动力。内涵建设是高校建设发展的本质，而服务地方发展是大学发展的外延，能够为高校的内涵建设提供方向、空间和动力。

一、"双一流"建设能促进地方经济的创新发展

地方经济的创新发展离不开人才、技术、成果等要素的支撑，"双一流"建设不仅要集聚多种要素于高校，而且要使各要素呈现更高的水平，因此"双一流"建设能够更有效地促进地方经济创新发展。从遴选条件看，一流大学建设要求办学水平、综合实力突出；一流学科要求建设国家急需的、具有重大行业或区域影响力的、优势突出的学科；社会服务要求产学研深度融合，为国家和区域经济转型、产业升级和技术变革作出突出贡献等。从动态评价机制看，"双一流"建设破除了"终身制"的概念，尚未成为"双一流"的高

校可以通过自身的努力，在学科建设上下功夫，建成具有区域影响力的学科，争取进入"双一流"高校之列，从而实现自身发展和服务社会的双赢。"双一流"建设高校无论是遴选时期还是建设时期，都必然要与地方经济发展紧密结合，主动对接地方产业发展需求，助推地方产业发展升级，在服务的过程中促进地方经济创新发展，提升区域影响力。

二、地方经济的创新发展能促进高校的"双一流"建设

《统筹推进世界一流大学和一流学科建设实施办法（暂行）》明确指出，被纳入"双一流"建设范围的地方高校的建设资金由地方财政统筹安排，中央财政予以引导支持，地方政府要加大资金、政策、资源支持力度。目前，北京、上海、广东等地的高水平大学的建设，尽管采取的模式不同，但从建设目标和经费投入上看，地方政府对大学的支持力度很大，是前所未有的。地方经济在创新发展的同时，由于其转型升级发展的需要，必然会加大对人才引进的投入，加深对科研攻关的重视。例如很多高校引进的人才可以同等享受地方人才引进政策，校地全面战略合作更体现了政府对高校的重视与支持。因此，地方的创新发展可以促进地方政府加大对高校政策的扶持、经费的投入和项目的共建等，必然能够促进高校的"双一流"建设与发展。

可见，"双一流"建设离不开地方政府在政策、资金、平台等方面的大力支持，地方的创新发展也离不开高校在人才、科研、智力等方面的支持和贡献，二者密不可分。

三、典型案例介绍

1. 深圳大学

深圳大学虽然没有进入国家"双一流"建设计划，但进入了广东省"高水平大学建设计划"，得到了深圳市的大力支持，支持力度不低于国家"双一流"建设支持方案。深圳大学取得的建设效果超过许多"双一流"高校。

2012 年，深圳大学启动高水平大学建设，确定了"10 年综合实力进入全

国高校前 50 名"的建设目标。得益于广东省和深圳市的支持，比如深圳市先后分两期给予深圳大学专项经费投入，深圳大学在人才培养、师资队伍建设、科研创新、社会服务等方面都取得了显著成果。

2019 年，深圳大学获国家自然科学基金立项数量、新增自主培育国家杰青数量、国家重点研发计划项目资助数量、新获批博士后流动站数量、国际顶级期刊上发表高水平论文数量等均居地方高校第一。不到 3 年的时间，深圳大学的 7 个学科进入 ESI 全球前 1% 学科，而自然指数（Nature Index）较 2018 年进步 100 多位。

没有地方政府的全方位支持，深圳大学难以跑出高校发展中的"深大速度"。当然，深圳大学也利用自身的人才与科研优势反哺城市，与城市形成良性互动的关系。深大充分利用地处"中国硅谷"核心的地理优势，不仅与腾讯、中集、迈瑞医疗等顶尖企业建立了密切的战略合作关系，还初步形成了以大学为中心的创新生态圈。在深圳大学方圆 5 千米内的众多创新型企业，比如腾讯、雷柏科技等，由于地缘、学缘和师承等关系，其管理团队或研发人员经常与深大师生共享实验室、共建创新团队、共研科技成果、共同开展专利申请和成果转让，并提前"预订"深大毕业生加盟公司。

此外，为了更好实现创新驱动发展，深圳大学与地方政府签约成立综合性、集约式科研转化平台，构筑起"1+13"的科研成果孵化平台，即"1"个深圳大学技术转化中心和"13"个转化平台。"13"个转化平台是深圳大学与深圳市的 10 个区共建的科研成果孵化展示和转化的集约平台，旨在把科研成果转化为实实在在服务地方社会经济的现实生产力。

2. 燕山大学

在首轮国家"双一流"高校和学科名单中，河北省仅有河北工业大学的一个学科入选"双一流"学科名单，因此河北省于 2016 年 9 月发布了《河北省人民政府关于统筹推进一流大学和一流学科建设的意见》，支持 12 所高校的 54 个学科进行"双一流"建设。2020 年初，河北省委省政府发布了关于支持燕山大学加快"双一流"建设、实现内涵式高质量发展的文件，秦皇岛市出台了支持燕山大学加快"双一流"建设的 20 条措施，学校高度重视，迅速制定了《燕山大学加快"双一流"建设实施方案》，围绕打造世界一流学科、建设一流师资队伍、打造一流本科生培养高地、构建一流研究生培养体系、提升科技创新能力、做强科技创新平台、推进国际交流与合作、加快科技成果转化、深化人事分配制度改革、确保建设经费投入等 10 个方面开展建设工作。

燕山大学计算机科学、工程学、化学、材料科学等 4 个学科进入 ESI 全球排名前 1%，数量居河北省高校首位。新增 1 个"111 计划"学科创新引智基地，实现河北省零的突破。出台了"燕山学者"高层次人才支持计划，引进"燕山学者"和中青年骨干教师 217 人。

校友段广仁院士受聘"双聘院士"，周向锋教授获"国家杰青"基金资助，此外新增"青年长江学者"和"国家优青"等"四青人才"4 人、其他国家级和省部级人才 18 人。获河北省教育系统先进集体 1 个、河北省自然科学基金创新研究团队 3 个。

田永君院士牵头申报成功国家自然科学基金重大项目，实现河北省历史性突破。国家自然科学基金经费总额达 6 996 万元，居全省高校首位。田永君院士团队还在金刚石多型体发现和增韧研究中取得重大进展，研究成果再次发表在《自然》（Nature）期刊。张福成教授荣获第十三届光华工程科技奖，并获国家技术发明二等奖。燕山大学获河北省科技奖励 12 项，其中以第一完成单位获一等奖 4 项。

加快改善师生学习生活工作条件，对校园基础设施和环境进行整修美化，开通西校区 7 号门，完成高压科学研究中心、美术馆展厅、音乐厅和东校区第七、八学生公寓等改造项目。

推进康养人才培训中心、多功能风雨操场等项目建设，加快教室、卫生间、浴池等的翻修改造，为学生公寓安装直饮水设施，努力为师生提供舒适便捷的学习生活条件及更加专业化和人性化的管理与服务。

燕山大学作为河北省秦皇岛市主要的省属骨干大学，在"双一流"建设过程中，积极利用在机械工程、材料科学和电子控制科学等方面的工科学科优势，通过承担横向科研项目和大学科技园转化成科技生产力的方式，助力了省市经济社会发展。同时，哲学社会科学方面的专家主动参与省市各项规划的编制工作，将省市关注的重点热点问题和自身学科背景相结合，形成咨政报告报送给相关领导。

第 二 章
地方高校"双一流"建设现状分析

第一节 学科发展

纵观"双一流"建设提出以来我国高等教育的发展，入选一流高校和一流学科的大多为知名大学和部属院校，地方高校屈指可数。如何在发展基础牢固、经济实力雄厚的知名大学中谋得生存的空间，是地方高校尤其应该考虑的问题。对于一所高校来说，学科发展是基础，是整个学校发展的动力，也是决定大学核心竞争力的重要因素，在高校提高生源质量、引进优秀人才以及提升社会影响力方面具有重要作用。

一、一流学科建设的意义

2016 年 4 月，国务院原总理李克强在高等教育改革创新座谈会上提出，"推进双一流建设，可以考虑把重点放在一流学科上，精准施策，精准支持。一流学科一定是在世界上有竞争力的，是一流大学的基础。世界上很多大学之所以有名，主要是重点学科有名，国际上很多排位都是按学科来的。我们要从国情出发，从经济社会发展的需要出发，着力推进一流学科建设。初步考虑是支持 100 个一流学科建设。100 个学科要覆盖主要学科领域，既要有基础学科，也要有应用学科，既要有自然科学，也要有社会科学"。那么，我们的高校将有几个学科能进入这"100个一流学科"中？我们又要如何精准施策、精准支持呢？

一所学校很难同时在很多领域达到一流的水准，在建设一流大学过程中，应该打破学科均衡发展的传统做法，优先选择优势学科作为突破口，打造在国家乃至世界范围内具有引领性的学科高地，然后通过优势学科的辐射作用，带动相关学科专业的发展，这也是总理在讲话中提出要重点建设一流学科的原因。

比如西安电子科技大学加强学科建设发展顶层设计，实施"3+1+N"一流学科扩容工程，成立电子科学与技术学部、信息与通信工程学部、计算机科学与技术学部、网络空间安全学部，发挥一流学科引领作用，重点支持若干优势学科率先冲击世界一流学科。聚焦信息与通信工程、计算机科学与技术2个一流学科群和电子科学与技术、网络空间安全、机械工程等优势学科，汇聚顶尖人才和创新资源、承担国家重大任务、产出重大原创成果，学科影响力大幅跃升。在第二轮"双一流"建设高校及建设学科名单中，西安电子科技信息与通信工程、计算机科学与技术再次入选一流学科，电子科学与技术、网络空间安全作为新增学科入选陕西省一流学科，始终保持了优势学科强大的发展动力和竞争优势，推进学科高质量内涵式发展进入新阶段。

建设一流学科对学校的发展有着重要的意义：

第一，提升学校的影响力。一所高校的社会认可度很大程度上取决于其优势学科和特色学科的建设成就。打造学校优势学科的品牌，彰显办学实力，赢得社会信任，有利于学校汇聚国内外学科拔尖人才和创新团队，吸引高素质学生入校学习，产生一系列良好的连锁反应，促进学校影响力的提升。

第二，促进其他学科发展。一方面，建设优势学科的经验和建设思路为其他学科的发展提供了有益的借鉴；另一方面，通过与优势学科进行交叉融合，共同开展项目研究，共建科研平台，开展学术交流，其他学科可以实现更好更快发展。

第三，解决国家社会发展的重要问题。高校的一个重要职能是为社会服务，通过教学和科研产出的人才和成果，最终都要落到服务地方经济社会发展中来。高校可以通过优势学科的发展，加速科研高水平成果的产出和转移转化，成为科研成果产出和高水平人才培养的高地，从而解决国家社会发展的重要问题。

二、建设一流学科的路径

（一）树立学科建设理念

高校是新兴战略产业的促进者、社会发展的助推器，对大学功能的定位，要求大学的学科建设理念也要相应转变。这一转变的核心内涵，就是由以往的更加注重知识的传授、积累，向更加注重知识的应用、更加注重知识的生产创新、更加能够帮助解决经济社会重大问题转化。就高校自身而言，首先要明确办学定位。每所高校都有自己独特的历史、传统、文化个性，都有优势与劣势，都有千差万别的实际情况。因此，在高等教育大众化形势下，高校要立足自身实际，找准方向和目标，明确学校的办学类型、办学层次和发展阶段，突出最能体现自己不可替代的优势地位。高校要围绕自己的办学定位进行目标分析，做好制度和政策设计，形成学科发展的时间表和路线图。

在学科建设过程中，各高校可以在国内外瞄准自己追赶的标杆学校，科学分析差距，明确追赶目标，努力争创一流。所谓一流的标准，一是要适应社会需求，得到社会认可；二是其办学水平和办学质量在同类高校中是一流的，在重点学科、专业课程、知识创新成果方面是独一无二的。

在服务经济社会发展需求的过程中，不同类型学校的人才培养定位也不尽相同。应用型高校就应该直接根据相关需求，培养有特色的实用性人才。例如瑞士的理诺士国际酒店管理学院、洛桑酒店管理学院等学校，他们立足旅游业是瑞士的支柱产业之一这一现实，着力培养了一大批酒店管理的高素质专业人才，从而成为培养这方面人才的摇篮。据统计，全球16家大型酒店集团中，有9家酒店集团的总裁或董事长是洛桑酒店管理学院的毕业生。而对于一些综合实力较强的高校，就不能仅仅满足于被动地去适应经济社会的需求，还要主动创造需求，主动引领发展的潮流。

（二）积极调整学科方向

实践证明，具有相同知识和技术含量的学科，由于主攻方向不一样，产生的效益、贡献就有很大差别。高校的学科建设应该比以往任何时候都需要更加重视面向经济社会发展的主战场。一流大学不但要在文化知识传播上有重要影响，而且要在经济建设主战场发挥重要作用。例如，斯坦福大学着眼于世界产业结构调整，瞄准行业共性技术，以学科群对准产业群，以集群化推动产学研合作，实现学科链转为产业链，为当今世界人类发展作出重要贡献。

（三）优化学科资源配置

从战略上讲，学科建设要"有所为有所不为"；从战术上讲，学科建设要"有所不为有所为"。"有所不为"往往要比"有所为"更难。1969年，斯坦福大学撤销了建筑学院，当时其在全美建筑学院中排名10～12位。斯坦福大学的理由很简单：一是建筑学院投入很大，要冲进排名前5位所付出的代价很大，有些不值；二是近邻加州大学伯克利分校已有一所美国顶尖的建筑学院。斯坦福大学在学科布局上保持了清醒的头脑，理性地"有所不为"，避免了有限资源的浪费。在"有所为"的过程中，我们也要讲"有先为，有后为"。学科建设不能齐头并进，要在有限的资源条件下，集中力量做强优势学科、特色学科和社会需求的学科，分清主次先后。

从这个意义上讲，学科增加是一种发展，学科减少、重新优化组合同样也是一种发展。学科发展不能盲目扩张、盲目铺摊子，要以核心强势学科为中心向周边扩展，发展支撑学科，建设新的学科、特色学科。同时，优化学科资源配置一定要树立大局意识，必须毫不犹豫地把最具竞争力的学科推出来。总之，重点学科要做强，新兴学科、应用学科要出新，传统学科要搞活。

（四）重视学科交叉渗透

学科发展要重视学科交叉，注意扬长避短，培育学科群，形成良好的学科发展生态。现在的学科发展在边缘交叉领域最能形成突破点，因此，学科创新必须进行学科交叉。

学科综合集成是有选择的综合交叉,把各个学科的知识进行最优化组装,使其具有无限的潜能。信息时代,学科综合、跨学科合作是主流。通过学科交叉,构筑学科群落,构建高水平跨学科研究平台,有助于提升高校的核心竞争力。学科交叉点往往是科技发展前沿学科间的横向交融,无疑是一个新的学科创新增长点。如日本将运动学、工程学、医学等融汇成人体运动工程学,从工程技术角度成功地解读了人体在运动过程中的生理变化规律,解决了"怎样的方向盘高度可带来最佳驾驶舒适度"等难题,推动了汽车工业和制造业的发展。据统计,国际上较为成熟的学科约有 5 550 个,其中交叉学科大约有 2 600 个,约占学科总数的 47%。从对诺贝尔奖的统计分析看,20 世纪以来,很多重大理论突破和发明是学科交叉的产物。

(五)精心培育特色学科

培育特色学科是重点学科建设的根基。特色是优势,是重点,是水平;特色是不求大不求全,只求不可代替;特色是以小写大、以弱胜强的突破口;特色是异峰突起、出奇制胜的切入点。高校规模不在大小,关键在于优势和特色;学科建设不在齐全,关键在于实力和创新。学科建设必须突出特色,坚持"人无我有,人有我强,人强我新"的原则。

第一,人无我有。只要人无我有,无论实力是否强大,研究是否前沿,都可看作学科建设中的特色。对于人无我有的学科,最重要的是要看准发展方向,提出跨越式发展思路。

第二,人有我强。学科特色的优势更多反映在实力上,反映在学科群的综合协调发展上。

第三,人强我新。人强我新是学科建设中的最高层面,强调创新水平和领先地位。在培育特色学科方面,一些世界一流大学为我们提供了成功的经验。普林斯顿大学前校长威尔逊在哈佛大学演讲时说:"普林斯顿不像哈佛,也不希望变成哈佛,反之也不希望哈佛变成普林斯顿。"意思是说,各校都有不同的学科特色。学科建设重在特色,特色是大学的魅力所在,有特色才有价值,才能不被替代。特色有软特色和硬特色之分,软特色表现在学风、传统、文化、制度上，硬特色则表现在学科实力上。几乎所有世界著名大学都是以自己的学科特色著称的。办出水平、办出特色，主要指办出学科水平与特色。一门或几门学科的优势和特色，能够带动学校整体提高和全面进步，能够提升学校的社会影响力和社会声誉。

（六）全力打造重点学科

学科建设要强调坚持一流的学科方向，构筑一批综合型、开放式、国际化的学科，彻底改变当前高校学科建设中"一片高原，没有高峰"，甚至是"一片平原"的状况，将有优势、有潜力的学科纳入重点学科建设之列。

我们要集中优势资源，突出配置资源在重点学科的集聚作用。各类科研资源、教学资源、人才资源优先为重点学科配置，在重点学科平台上实现学科与专业、课程、师资、实验设施等资源的有机结合。具体讲，就是加强骨干专业建设和精品课程建设。在学科建设上，我们要优先支持一批可以尽快进入国内乃至国际一流行列的重点学科。美国加州大学伯克利分校原来有化学院、工程学院等14个学院，下设170多个学科系，各个学科发展非常均衡，各个学科水平都很高，但是没有一个学科是真正的世界一流，特色不明显，因而始终无法进入世界一流大学行列。当时，他们提出的口号是"每个领域都要保持全美前三名"，后来发现这不可能实现。于是，他们调整发展战略，集中力量，重点发展生物原子工程，要求学校的每个系都尽量去和生物原子挂钩，以形成自己的特色。经过几年的努力，终于在1932年，劳伦斯发明了回旋加速器。正是由于劳伦斯发明的回旋加速器，加州大学伯克利分校获得了17个诺贝尔奖，伯克利分校的生物原子工程学科在当时成了世界第一，加州大学伯克利分校因此闻名世界。

打造重点学科，要抓好重点指标，紧紧抓住学科队伍、创新平台、重大项目、重大成果这些核心指标，尤其要在人才培养、学科研究、社会服务等方面努力做出重大成果和标志性成果。还要把握重点环节，强化两个"两头"：一个是着力强化薄弱环节与优势特色这两头，把短板补长，把亮点做得更亮；另一个是着力强化"顶天攀高"与"立地服务"这两头，瞄准学科前沿，为学科发展和科技进步作出贡献，围绕重大需求为经济社会发展作出贡献。

第二节　人才队伍建设

2015 年 11 月，国务院对外公开发布了《统筹推进世界一流大学和一流学科建设总体方案》。随后，国家出台了一系列相关政策用于指导各高校进行"双一流"建设。随着 2017 年和 2022 年两轮"双一流"建设名单的公布，如何对标名单中的高校建设水平提升自身办学实力，对于地方高校来说，非常关键。

《统筹推进世界一流大学和一流学科建设总体方案》明确提出：要"深入实施人才强校战略，强化高层次人才的支撑引领作用，加快培养和引进一批活跃在国际学术前沿、满足国家重大战略需求的一流科学家、学科领军人物和创新团队，聚集世界优秀人才"。因此，高校人才队伍建设是"双一流"建设背景下高校和高等教育发展的核心，不论是在学校发展本身，还是在建设一流高校、一流学科的道路上，它都是非常重要的一个环节。

一、地方高校高层次人才队伍建设的困境及成因

（一）高层次人才短缺，与知名高校差距较大

在 2022 年 2 月国家公布的名单中，浙江大学及 21 个学科入选第二轮"双一流"建设高校及建设学科。在人才队伍建设方面，浙江大学的教师中有中国科学院院士 31 人、中国工程院院士 27 人、文科资深教授 14 人。反观河北省，在第一轮"双一流"建设名单中，仅有河北工业大学电气工程专业入选一流学科，在第二轮的名单中则没有河北省的高校和学科增补。以河北省理工科实力较强的燕山大学为例，其人才队伍如下：有中国科学院院士 3 人，国务院学科评议组成员 1 人，国家"万人计划"入选者 6 人，"长江学者奖励计划"特聘教授、"长江学者奖励计划"青年学者人选 17 人，国家杰出青年、优秀青年科学基金获得者 27 人。和知名院校以及部属高校相比，高层次人才的质量和数量相差悬殊。虽然近年来燕山大学也推出了力度相当大的人才引进政策，并积极组织教工申报国家级的人才称号，但收效不是很明显。

（二）人才结构分布不合理，服务地方经济能力较弱

国家对于地方高校人才培养的定位是地方型、应用型人才，但地方高校对于自身发展的定位不明确，在高等教育发展的洪流中，过度追求学科的全面以及硕士点、博士点数量的增多，导致学校处于"改名""升本"的追逐之中，失了初心。

地方高校的发展离不开所在区域的发展规划，所以要考虑所在区域社会经济发展的需求。就河北省而言，京津冀协同发展、做好北京的政治"护城河"，河北雄安新区的全面深化改革和扩大开放等国家一系列重大方针政策，势必会影响河北省经济社会的发展。随着产业模式的调整，社会对于人才的需求也会有相应的变化。然而高校服务社会的功能的发挥却主要集中在部属高校。从现有的高层次人才来看，理学、工学和医学等已有两院院士，"长江学者"等大多集中在部属高校的研发设计、化学、生物、信息技术服务、节能环保等领域。目前，地方高校在很多情况下与部属高校形成直接竞争，学科重复投入大量的人力和物力，却缺乏与之竞争的能力。在人才引进过程中往往出现有高层次人才没有适合的岗位，而有适合岗位需求的高层次人才却又被部属高校抢走的窘迫情况。

（三）人才队伍建设缺乏自主创新的内在驱动力

2016 年，教育部、科技部出台了《关于加强高等学校科技成果转移转化工作的若干意见》，这表明高校科技成果转移转化绩效要纳入"双一流"建设考评体系，对于地方高校来说，这是一个不小的挑战和考验。创新是当今时代的主题，要发展必须要有创新。人才的引进与培养是高等教育保持持续竞争力和持续发展能力的核心，尤其是高层次人才创新创业能力的提升和发挥及其成果转化对于高校的长远发展大有裨益。然而，目前河北省高等教育三个层面的创新均还停留在初级阶段。相对来说，河北省高等教育对人才的培养深度与广度不够，引进人才的政策与思路也还较单一，高层次人才的管理模式还有待于进一步的改善，人才效能的发挥和成果转化尚未落实到位，对于地方社会发展的贡献不足。

（四）缺乏引进和培养高层次人才的长远规划

地方高校的高层次人才队伍无论在数量还是质量方面与部属高校相比往往都偏低，致使其在高层次人才引进与培养方面存在短期的盲目性，并未与自身的特点及长远发展规划结合起来。一方面，耗费大量人力物力引进的高端人才与原有学科平台并不吻合，没有团队平台的支持，高层次人才很难发挥出应有的作用。另一方面，高额的人才引进费用也加重了高校的经济负担，使科研平台等资源建设受到影响。高层次人才引进缺乏有效的规划及评估环节，也是导致人才引进与学校发展脱节的主要原因。

（五）对于高层次人才的评价和管理制度不够系统化、专业化

近年来，地方高校的高层次人才引进与培养的压力越来越大。地方高校在高层次人才的数量、质量及层次上都与部属高校有较大的差距，针对高层次人才的评价与管理也不够合理，往往依赖于大量主观评价指标或者学校统一的科研工作量计算办法、导师遴选以及评职条件等政策文件。然而，对于高层次人才的评价和管理工作是人才队伍建设的关键部分，必须要按照科学的评价机制和管理方式方法进行。

一般情况下，高层次人才的评价和管理涵盖人才录用与引进、人才支持、岗位聘用、岗位考核、激励措施等多方面，是一项非常复杂的系统工程。然而，现在地方高校对高层次人才的评价往往局限在某一个周期内，简单针对岗位要求进行相应考核，未能有效结合学科类型、层次、建设目标等进行评价与探究。如果高层次人才仅着力于短期目标与任务的实现，忽略了中长期规划，就很难有效建设相应的研究团队，在学科建设的长远发展上也很难有所建树。

二、地方高校高层次人才引进与培养政策探索

（一）引才要多渠道、全方位

地方高校要建立起多渠道、全方位的引才模式。首先，要顺应大势，紧

紧抓住国家、各地区引进人才的政策，积极参与各省组织的地方高校海外引才招聘计划，从海外引才用才。其次，要从自身的特点出发，结合学校的发展历程，创造良好的人文环境，使地方高校对高层次人才能产生特殊的吸引力。再次，全面地服务好高层次人才，解决好高层次人才的后顾之忧，重视团队的引进，以才引才。最后，在同一时期内，人才总量是相对有限的，工作重点放在引进人才的同时，要更注重人才的培养，聚集一批有潜力、年轻有为的博士、博士后尤为重要，眼光要放长远，从源头上促进高层次人才工作的开展。

（二）作好高层次人才引进与培养的规划

要顺应国家经济社会发展的大趋势，本着服务于地方经济，服务于地方社会，服务于解决地区的重大紧迫问题的思路，将高层次人才需求的核心问题与地方高校自身的特点有机结合起来，宏观作出高层次人才引进与培养规划，在形成优势学科带动小学科、优势平台带动小平台的同时，做好高层次人才梯度的建设。看到人才的价值，重视人才的作用，最大限度地挖掘人才的潜能是引才用才的落脚点。开发高层次人才资源，是现代高校发展进步的必要途径。

（三）创新人力资源管理模式，发挥高层次人才的积极性

部属高校因多年的经营与学科平台的建设形成了更多更高水平的科学研究平台，自然就会对高层次人才有着强大的吸引力，地方高校可以通过特殊的用人政策来缩小或弥补这个差距。比如以燕山大学、河北大学为龙头，结合协同创新的管理新机制，搭建了结合地方高校特色专业的特色协同发展平台，创建了引人、育人、培养人的新模式。本着"不求为我所有，但求为我所用"的新人才观，大力加强部属高校与地方高校之间交流合作，共同用好人才。

结合地方高校的特色专业平台，不断完善人才管理与评价机制，充分调动高层次人才的创造性与积极性。一是结合学校定位发展，实行高层次人才的分类管理。二是建立实时跟踪的宽泛式科研绩效评价体系，增添创新性、

协调性、增值性、应用性的科技成果转化的内在动力。三是围绕有利于人才全面发展的全方位机制研究，加大高水平研究成果、学术论文、专利等业绩奖励，努力加大分配体制改革，突破原有僵化的学校分配制度，调动高层次人才参与科研的积极性与主动性。四是突出地方高校在高层次人才的引进与培养方面的主人翁精神，实行有效的自主分类考核评价的机制，从有利于重点专业、重点学科的发展角度制定相对应的评估制度。

（四）创新管理制度，实现高层次人才政策对接的全覆盖

地方高校应营造良好的人才引进与培养环境，树立"人才资源是第一资源"的观念，对不同类型的高层次人才进行挖掘和引进，不断提高学校办学层次和水平。在引进和培养人才的过程中，地方高校应突破学历和职称的壁垒，采用灵活机制，更加看重人才发展的前景和潜力，以比部属高校更加灵活、更有远见的人才政策为基础，以促进学校发展为目的，以符合学校学科发展为原则，制定细致全面、灵活到位的人才政策。要结合国家现有高层次人才政策，做好从"长江学者奖励计划"、国家杰出青年科学基金等国家人才政策到地方人才政策的过渡工作，理清从地方人才政策到地方高校人才政策的转变。地方高校应该因地制宜、查缺补漏，建立起一套自己的人才培养与引进计划，针对不同年龄段、不同层次、不同学科背景的人才队伍能做到一例一议，一事一议，形成一支年龄段优化的、可持续发展的、有自身学校特色的高层次人才队伍。

（五）建立有效的评价机制，使高层次人才的引进与培养达到良好平衡

人才引进是为了给人才队伍增加新鲜的血液，带来新思路、新方法，从而提高人才队伍的创新性，拓展办学思路，在短时间内形成更强有力的团队。培养是基础，是长久的规划，有助于实现人才工作的可持续发展。因此，人才引进与培养并不矛盾，而是相辅相成、相互促进的，好的人才政策应该是使引进与培养达到良好的动态平衡，并且共同发展。要想使人才的引进与培养达到一个良好的平衡，就应该建立一个有效的评价机制。地方高校应明确人才评价的目标，设立合理的评价标准，结合学校学科专业类型、层次、建

设目标等确定相关的评价周期、评价方法和程序要求，做到公平公正，从而提高人才质量，实现可持续发展。

第三节　新型智库建设

智库又称思想库、智囊团，指的是专门从事开发性研究的咨询机构。谋士、门客、军师、参谋、顾问等都是智库的前身，他们在治国安邦大业中都发挥了巨大的作用。在我国，智库主要分为党政军智库、社会科学院智库、高校智库和民间智库四大类。

高校智库作为我国智库的一个重要组成部分，有着学科全面、人才集中、国际化程度高以及在学术研究方面走在前沿的优势。目前，高校智库系统影响力排名前五名的高校分别是北京大学、清华大学、复旦大学、中国人民大学和南京大学。其中，南京大学中国智库研究与评价中心和光明日报智库研究与发布中心合作开发的智库数据管理与评价系统——中国智库索引，为推进中国新型智库建设提供了一个功能强大的数据管理平台，为我国智库评价提供了数据支撑。地方高校也积极地进行新型智库建设，努力提升自身服务地方经济社会发展的能力，以此助力学校的"双一流"建设。

一、地方高校新型智库建设的必要性

（一）落实国家建设中国特色新型智库的举措

2013 年 3 月，习近平总书记作出了关于加强中国特色新型智库建设的重要指示；5 月，国务院原副总理刘延东在"繁荣发展高校哲学社会科学、推动中国特色新型智库建设"座谈会上指出，高校要以服务决策为导向，以提升能力为核心，以改革创新为动力，以哲学社会科学繁荣发展为依托，努力打造一批在国内外具有重要影响的高端智库。2014 年 2 月，教育部印发了《中国特色新型高校智库建设推进计划》，对高校建设新型智库作出了总体规划和指导意见。2015 年 1 月，中共中央办公厅、国务院办公厅印发了《关于加强中国特色新型智库建设的意见》，将推动高校智库发展完善纳入构建中国特色新型智库发展新格局之中。一系列的决策部署和上级要求，体现了国家建设中国特色新型智库的决心，同时可以看出高校在新型智库建设中占有举足轻重的地位。在此背景下，地方高校建设新型智库，正是贯彻落实国家建设中国特色新型智库的必要举措。

（二）地方政府完善治理体系提高治理能力的需要

新型智库建设是实现国家治理体系和治理能力现代化的有力抓手，从地方政府层面来看，地方智库是地方治理体系中非常重要的组成部分，有助于推进地方治理能力现代化。近代科学的飞速发展，使人类社会进入了一个前所未有的新阶段，学科门类纷繁复杂，多达两千余门，学科相互交叉渗透，延伸出了很多新兴学科，文科和理科也相互交融。面对瞬息万变的客观世界和数量庞大的信息数据，知识再丰富、反应再机敏、才智再卓越的个人也无法独自掌控。因此，由多位专家组成的、多学科的、专门解决各种问题的智库就应运而生。地方智库可以帮助地方政府进行科学决策，提供智力支持，从而提升政府的社会治理水平。

地方政府在治理中出现的问题往往带有鲜明的地域特色，外来智库一般不熟悉当地情况，容易出现"水土不服"。地方高校依托于所在区域而发展，对地方经济社会发展中出现的问题比较熟悉，与地方决策部门保持着良好的联系，且拥有学科和人才专家聚集的优势，因此地方高校建立的智库能更好地为地方政府建言献策，为地方发展提供科学的理论支撑，提升地方政府的综合治理能力，完善其治理体系。

（三）地方高校转型发展提升"双一流"建设水平的需要

2020 年，《深化新时代教育评价改革总体方案》出台，推出高校分类评价方法，引导不同类型的高校科学定位，办出自己的特色和水平，探索建立应用型普通本科高校的评价体系，突出考察高校本科人才培养目标定位、资源条件、培养过程、学生发展、教学成效等，促使该类高校聚焦应用型人才培养，服务区域经济社会发展，彰显地方特色。向应用型高校转型的高校需要密切跟踪、准确把握地方经济结构调整，打造一批地方与行业急需、优势突出、特色明显的应用型专业，建立紧密对接产业链的专业体系。这一点和新型智库的建设目标以及"双一流"建设中提升高校服务地方经济社会发展能力的要求是高度一致的。

首先，新型智库基于问题建构知识框架，能够促进地方高校学科交叉融合，推动学科知识体系的创新。其次，地方高校建设新型智库有利于知识的转换，在解决地方经济社会发展实际问题的过程中，使知识转化为推进社会发展的力量。最后，通过新型智库建设，地方高校能够更好地发挥地方性的优势，与地方政府建立稳定、长效的合作关系，提高办学特色和水平，在服务地方党委政府决策的同时推动自身发展，不断提升办学实力。因此，地方高校加强新型智库建设，是地方高校转型发展、提升"双一流"建设水平的创新举措。

二、地方高校新型智库建设中存在的问题

（一）定位不明确，智库建设呈现同质化

地方高校在进行新型智库建设时，对于自身特色和发展定位不明确，导致重复建设问题比较严重，单一化、同质化的现象普遍。一方面，地方高校急于求成，在国家相关部门提出加强中国特色新型智库建设要求后，在没有深入挖掘自身发展特色和新型智库建设目标内涵的情况下，为了寻求国家、省、市各部门经费的支持，忙于开展智库研究项目建设，将校内的社科类研究机构冠名为智库研究机构，其研究领域、研究方法等偏学术性，应用性和实践性不强，不能很好地发挥咨政建言作用。另一方面，在建设新型智库的过程中，过于注重数量，对质量的把控不严。对于智库建设的方向不够明确，一般习惯于按照学院和学科等基础设置来设定智库研究方向。自身定位不明确，未能体现自身发展特色，过于追求数量，必然造成高校智库建设的单一化、重复化和同质化。

（二）研究团队单一，协同创新性不强

在解决地方高校新型智库建设能力较为薄弱、产出成果水平不高等问题的过程中，提高智库研究团队的协同创新能力，加强团队建设是非常必要的。一方面，地方高校人才大都偏基础研究，应用研究人才较少，且缺乏高层次的团队带头人。另一方面，目前地方高校的一些智库一般都基于一个学院的一个学科，成员也是院内教师，知识结构较为单一，研究的深度和广度不足，团队的协同创新能力也会相对较弱。智库要解决的一般都是综合复杂的重大理论和现实问题，仅靠单独的一个学科是无法解决的。

（三）考核和评价制度不完善，管理缺乏精细化

智库的高效运转必须要有完善的制度作为保障。地方高校建设新型智库的积极性很高，但制度建设不完善，主要表现在以下几个方面：一是与地方政府之间的政智对接机制不健全。地方政府不了解高校中有什么样的人才，高校不了解地方政府有什么样的需求。二是人事管理制度不完善。高校智库除了聘用学校内部的研究型专家外，还要吸纳政府决策咨询部门、企事业单位和科研院所的人员加入智库中，因此智库的人事管理是一项很复杂的工作，需要专职人员来承担，并且需要建立健全的管理制度。三是对于智库成果的考核和评价制度不完善。还不够多样性和全面性。目前，大多地方高校智库沿用的是之前科研评价体系中偏向于基础理论研究的学术评价标准，有一些高校进行了改革，加入了针对智库成果的评价制度，但仍不够完善，大大影响了从事智库研究的科研人员的积极性。

（四）传播力度不够，智库影响力较弱

在当今这个信息化的时代，高校智库不仅要做好科学研究，还要搞好宣传。如何宣传自己的核心思想和研究成果，提高自身的社会影响力对于高校智库非常关键。目前，地方高校智库普遍通过撰写咨政报告报送给省市相关领导和部门，在得到领导的肯定性批示和相关部门的采纳后写入政策文件的方式实现成果的转化，对于创建智库网站，开通智库微信公众号、微博等新媒体传播方式

利用得不多，没有通过主动传播来提升智库的影响力，没有引起社会关注。

三、地方高校智库建设路径

（一）培育智库人才队伍，组建专业化智库团队

（1）以扩大智库研究群体为核心，建立智库核心人才库。

（2）组建多学科背景的咨政研究团队，推动跨学科、跨领域、跨单位合作，实现优势组合，形成校内校外协同攻关。

（3）成立发挥地方高校学科优势和整合校内外优势资源的专业智库团队，突出研究重点和特色。

（4）智库团队围绕国家、省工作重点、要点，社会亟须解决的热点、难点问题进行重点课题和应急课题研究。

（二）构建供需对接平台，加强交互式沟通合作

（1）由地方高校职能部门负责，构建学校、学院、科研机构、项目团队等多级联动的组织网络。

（2）加强科研信息员队伍建设，确保咨政需求信息能传达至相关领域的教授、专家、学者。

（3）借助智库网站、微信及其他媒体平台，介绍学校的科研能力、研究方向、服务领域及智库成果，同时在开设的官方媒体平台上提供政府、企事业单位的需求信息，开展科研对接服务，畅通智库信息发布者与研究者、智库源与需求者之间的沟通渠道。

（4）约请政府有关部门的领导和专家到高校讲座培训，定期对学校的咨政建言报告进行指导，使学校相关人员及时了解政府决策需求，瞄准社会经济发展需要，从而提升学校咨政报告的针对性和可操作性。

（三）拓展报送渠道，建立多途径传播机制

（1）加大报送力度，拓展报送渠道，建立定向征集、分类报送的工作机制。

（2）建立信息快速通报和发布传播推广机制，通过网络媒体等途径，及时汇集、展示高校智库研究成果。

（3）在校报或学报社科版上开辟"智库"专题专栏，发表系列学术论文。

（4）根据形势需要，组织相关领域专家学者撰写文章，在《人民日报》《光明日报》《经济日报》等重要报刊上集中发表。

（5）定期举办有影响力的智库沙龙或高端论坛，建立与政府、媒体、校内外学术精英等的交流渠道。

第四节　校地合作情况

校地合作指的是高校与驻地政府、企事业单位、科研院所之间的有效沟通及交流合作，是一种实现地方经济发展和科技创新的良好模式。校地合作注重整合高校的科研资源，让高校主动参与到地方性的课题研究与科技开发工作中来。大力开发校地合作科技产业，可以鼓励越来越多的人才主动参与到社会实践与科学研究中，有效促进科学研究成果与人才师资力量的全面转化。深入推进校地合作，可以充分发挥人才优势，促进地方经济快速发展，从而实现互利共赢。

一、校地合作存在的问题

（一）合作机制不够完善

近年来，在高等教育方面，国家一直提倡产学研深度融合，鼓励地方高校要把人才培养工作和地方政府以及企业单位的实际需求联合起来。同时，在国家层面制定了相关的政策和措施，以促进产学研融合。然而，这些政策都比较宏观，无法完全激发合作主体的积极性与主动性。若想产生较好的效果，需要地方政府对于校地合作有一个整体的规划，建立具体的工作对接机制，并出台实施细则，强化政策落实。

（二）合作融合有待深化

目前，校地之间的合作绝大多数以地方实际发展需求为主，主要通过构建研究院等方式开展。在具体实践中，校地合作与应用型人才培养的有效融合有待深化，校地对接的跟进有待进一步落实。例如政企校三方除了开展课题研究、挂职锻炼等合作外，研究院共建协议中的共同举办校地论坛、协同育人等事项未能有效实施；现阶段虽然地方高校与地方政府、企业等对接密切，但三方合作多局限在前期信息接洽上，后续在跟进深化合作上缺少有效抓手和载体，致使三方对接工作偏多，但达成的实质性合作却比较少。

（三）利益目标未能达成一致

校地合作强调不同主体在实现互利共惠、合作共赢的基础上取得长效发展。然而，在具体实践工作中，大多数校地合作涉及的不同主体之间的利益需求不同，合作的出发点不一样，校地合作仍处于关系的不协调阶段。特别对于地方高校与地方企业来说，利益需求差异性较大，地方高校希望借助企业的资金破解自身办学发展难题，而企业比较关注高校师资人才能否为其创造更多经济效益，导致合作形式浮于表面。合作主体如果无法获取各自所需利益，则其主动参与校地合作的工作积极性就会大大降低。

二、校地合作效能提升路径

（一）健全领导机制，促进共同协同发展

开展校地合作，关键是健全领导机制，使校地合作各主体协调起来，实现共同发展。这就需要成立专门的领导小组，由合作各主体的相关负责人共同组成，形成从上到下的合力，使彼此之间的沟通更加流畅、便捷，从而大大提升校地合作的工作效率，有效促进校地合作项目和成果的平稳落地，实现互利共赢。此外，可以借鉴国外的"旋转门"机制，打通政府、企业和高校人才流动的大门，大力引进地方政府官员、高校教授、企业专家担任校地合作兼职顾问，加强各主体日常的联系与沟通，共同促进校地高质量发展。

例如，政企校三方要努力完善政企校沟通协调机制，特别是针对重点重大合作要定期组织开展交流与总结研讨会，确认工作进度，分析重难点问题，不断改进工作思路与工作方法，并对未来项目进行充分分析与研判。与此同时，政企校三方要针对校地合作的特殊情况努力构建应急协调工作机制，以应对日常工作中可能出现的各类情况，使合作项目不会因为外界因素的影响而停滞。全面形成长效协调发展工作机制，可以有序推进校地合作项目走深走实。

（二）构建信息平台，促进资源共享

在这个信息化的时代，如何利用多元的信息化手段实现校地之间的资源共享是非常重要的一个环节。校地之间通过信息化平台实现人才、就业、政策等信息资源的共享与交流，可以有效促进校地共同进步与发展。例如政企校三方之间可以共同建立微信公众号、官方网站，加强对校地合作工作内容的有效宣传，加深公众对于校地合作相关工作成效的认识与理解。按照"政府出资、高校出智、企业出力"的原则，以信息化平台建设为抓手，地方政府提供资金支持与政策机制保障，高校提供一些信息技术领域的前沿技术用于平台构建工作，企业提供信息技术领域的高级专业技术人才负责信息平台与相关设备的维护工作。通过该种模式不断推进校地深度融合，共筑产业园、研究院、行业学院、科创园等产业科技创新高地，推动"大众创业、万众创新"再上新台阶，努力走出一条协同创新、合作共赢的宽广道路。

此外，校地合作要坚持资源互补、合力推进。依托校地合作，深入开展技术交流，充分利用高校的科研、技术、人才优势和地方政府的政策、信息资源等优势，在企业的助力下实现成果转化。要不断探索、创新校地合作方式，争取互利共赢，将校地合作做深做实。与此同时，还要坚持数字赋能，集成推进。积极探索搭建数字化平台，在校地之间搭建集成化服务平台，强化校地联系，并通过政务办事、校外实践、社会资源、企业锻炼等服务内容，提供更多就业创业机会与社会服务项目，更好地服务地方经济发展与建设。

（三）健全合作机制，创新合作模式

为了有效构建校地合作长效发展工作机制，重点破解校地合作发展难

题，要建立健全校地合作工作制度，出台相关校地合作指导性工作意见，比如《×××校地合作促进条例》。首先，合作主体要共同构建校地合作工作方案，确定校地合作的工作目标与相关要求，将校地合作工作任务进行分解与部署，明确各主体的工作任务，实现整体上的有效把控。其次，对校地合作项目进行分析与研判，共同制定相关合作管理工作机制，对合作内容与经费支出等按照类别与级别进行划分，细化相关管理规定。

为了促进校地合作的可持续发展，合作各主体要努力创新合作工作模式，要针对不同的合作事项，合理制定相关工作流程与工作指南，可以更好地指导不同类型的校地合作工作项目按照一定的流程进行组织与推进。此外，要针对不同类别的项目制定相应的监督与考核制度，从而促进校地合作的可持续发展。

（四）实现文化共融，打造文化品牌

加强校地合作，可以有效推进文化共融。在校地合作助推文化共融的项目建设与发展中，要始终坚持"一条主线""两大品牌""三大项目"的基本思路。"一条主线"指的是把弘扬传统文化、红色文化与建设社会主义先进文化有机统一起来，加强校地合作，整合校地资源，推进文化项目建设，提高理论研究与宣讲水平，打造文化宣传品牌，促进产学研融合，提升校地文化软实力，推动传统文化创造性转化、创新性发展。"两大品牌"指的是红色文化品牌与地方文化品牌。"三大项目"指的是传统文化研究项目、红色基因传承项目、文化创作创意项目。要通过开展校地合作，努力走出一条红色文化传播新发展路径。地方政府要充分挖掘地方文化资源优势，加强与高校、企业的文化交流，努力实现"文化搭台、经济唱戏"的发展目标。此外，还要加强校地文创合作，高校要在学生的文创设计中植入真实的项目，利用跨专业综合实训、毕业设计等大型文创活动资源，满足地方政府、企业在文案、创意、设计、视频制作等方面的需求，全面实现文化共融，努力打造文化品牌。

（五）依托利益驱动，创新产业园区

在校地合作发展过程中，因合作而共融，因融合而获利，利益是校地合

作的发展动力。对于校地合作各主体来说，其利益需求是有差别的。例如，对于政府来说，其希望通过制定相关政策，实现人才、资源等创新要素的有效汇聚，实现地方经济的快速发展；对企业来说，其希望依托校地合作模式，获得企业发展所需要的技术、人才等外部资源保障，从而不断提升产品质量与企业形象；对高校来说，其希望依托校地合作模式，促进人才培养质量、加强学生就业保障、显著提升师资队伍水平。在校地合作发展过程中，校地合作的各主体都要时刻关注多方的利益需求，解决现实存在的利益不平衡问题，从而推动校地合作稳定发展。

根据《中国创业孵化发展报告2021》显示，2020年全国创业孵化器约5 000余家，孵化器成为科技创新的重要产物和未来发展的重要方向。新时期，高校可以依托创新产业园区建设科技企业孵化器、大学生创业园，实现与地方政府的有效衔接与合作，也受到了广大企业的大力欢迎。近年来，创业孵化器整体的发展规模也在不断扩大，辐射的范围与程度也在不断提升。地方政府依托高校资源打造的产业园与孵化器比一般性的产业园更具有吸引力与创新性，还可以不断放大政府的孵化政策，实现人才、资本等创新要素的有效融合。高校通过参与创业园与孵化器的构建，可以借助地方优惠政策吸引更多企业走进校园，更好地促进校企合作，实现研发—生产—服务的全方位合作，从而全面推动创新创业教育的有效开展，不断提升社会服务职能。企业依托创业园与孵化器，可以更多地获得政策与技术带来的福利，增强自身发展活力与创新优势。

（六）创新组织形式，发展产业学院

校地合作要结合地方经济发展的实际需求，始终坚持相互协作、互利共赢的发展原则，构建全面的战略合作伙伴关系，依托校地合作创新项目，坚持以政府为主导、高校为支撑、企业为补充，不断汇聚来自多方的社会资源，大力发展产业学院。产业学院是在地方政府政策推动与支持下，融合高校与企业资源优势构建的办学机构，坚持多个主体共同参与其中，是政企校高度融合的"利益共同体"，可以为推动地方产业升级与人力资本培养提供更多支持。产业学院可以充分利用社会人力、物力资源，有利于推动科学投资与利

益分配工作，为地方经济发展培养大批紧缺型人才，在多方合作过程中展现竞争性优势，确保社会最优质资源汇聚到产业学院。产业学院有利于实现产学研的技术创新与全面融合，产生高质量的产业研究成果，推动社会经济的快速发展，形成具有一定特色的校地合作创新组织形式。

（七）促进人才培养，实现多方交流

加强人才培养对于充分发挥校地合作各主体的特色优势，促进校地合作实现共赢具有重要价值与意义。在校地合作过程中，人才培养工作最好的模式就是"政府给支持、高校出人才、企业提需求"。政府加强对人才培养工作的重视，出台相关鼓励政策；高校利用自身的师资力量与科研成果进行有效人才转化；企业根据生产实际需求选择应用型人才。三者之间相互合作、相互促进，形成了一个良性循环的新局面。具体措施包括：一是要鼓励地方高校积极推荐学科带头人、专业教师等到对口企业担任相关职务，将科研理论成果运用到具体实践工作中去；二是要支持地方政府、企业等相关人才进入地方高校进行继续培养教育，不断提升相关人才的理论水平与学识素养，努力为地方单位培养后备力量；三是要搭建校地合作人才培养的平台，共同成立研究机构，促进相互间的交流合作，形成稳定的合作机制；四是要定期组织开展交流座谈，邀请高校教师、企业员工、政府人员针对地方经济发展相关问题进行分析与研讨，从不同角度提出其见解和观点。

第 三 章
科技政策对高校服务地方经济社会发展的影响

第一节 中国科技政策概述

随着科技革命和产业革新的深入，科技创新在提升国家核心竞争力方面占的作用越来越明显。熊彼特（Schumpeter）的创新理论揭开了国外对科技政策分析研究的序幕。1985 年，罗斯维尔（Rothwell）和泽维尔德（Zegveld）提出了使用政策工具法来评价政策绩效。1989 年，美国国家总评估办公室开创性地提出了内容分析法，即以标准化的格式收集和组织信息资源，从而对信息概况进行描述和频数统计。这两种方法被广泛应用于政策的评价，包括对科技创新政策的评价。

国内对于科技政策的研究分析在 20 世纪 80 年代开始起步，刚开始的研究主要聚焦于对国外研究成果的介绍和借鉴。2006 年，国务院发布了《国家中长期科学和技术发展规划纲要（2006—2020 年）》，对未来 15 年国家科学技术创新作出了重要的规划。从此，国内对科技政策的研究也进入了繁盛期，主要体现在以下几个方面：一是国家宏观层面的研究，如张宝建收集了 1996—2017 年的 57 项国家层面的科技创新政策，并采用文本挖掘技术对文本数据进行分析，构建了关系矩阵。二是中观层面的科技创新政策的研究，如田进对2006—2017 年的 41 份农业科技创新政策进行评价。张永安以中关村国家自主创新示范区为例，采用文本挖掘及网络分析法进行区域科技创新政策分类与政策工具分析。三是对科技创新政策的定量研究，研究方法大多采用了政策工具法和内容研究法，也有采用 k 均值聚类算法对政策文本文案进行关键词提炼，还有采用柯布-道格拉斯生产函数研究了 1978 年以来中国技术创新政策绩效。

中国经济的发展态势从经济飞速增长到开始向高质量发展转变，创新驱动发挥的牵引力愈来愈大，科技创新成为引领发展的第一动力，这种影响表现在中国政治、经济和文化发展的方方面面。尤其是改革开放 40 年以来，得益于我国科技政策的激励和引导，在航空航天、量子通信技术和超级计算机等领域，我国的科技水平已位于世界领先地位，取得了许多举世瞩目的科技成果。这 40 年来，国家科技政策根据政治、经济、文化的发展不断调整战略导向和重要关注点，以适应我国国情。在这 40 年中我国科技政策先后经历了重建、系统发展、调整和提升四个发展阶段。

（一）第一阶段：重建（1978—1985）

1978—1985 年是我国科技政策的重建阶段（见表 3-1-1）。1978 年，中共十一届三中全会胜利召开，改革开放由此拉开了序幕。同年，全国科技大会胜利召开，这对于中国科技发展来说是具有里程碑意义的一件大事。大会提出了"四个现代化，关键是科学技术现代化"，"科学技术是生产力"等著名的论断，确定了我国科技发展战略的方针政策。这一阶段国家提出的方针政策是基于新中国成立以来的政治经济文化背景确定的，是对科技发展政策的重新构建，具有划时代的意义。由于当时我国实行的是计划经济体制，对科技体制的运行产生了一些局限，出现了科技创新资源利用率相对不高、科技管理体制不够灵活、科技政策和经济发展融合度不高等问题。

表 3-1-1　我国科技政策重建阶段

相关政策	整体情况
《中华人民共和国发明奖励条例》（1978 年）	重点对科技管理体制、科技拨款制度、国家重点项目管理、科研机构的组织结构等方面加以改革，并确定了"经济建设必须依靠科学技术，科学技术工作必须面向经济建设"的战略方针，这为改革开放科技政策的制定指明了方向
《1978—1985 年全国科学技术发展规划纲要》（1978 年）	
《关于我国科学技术发展方针的汇报提纲》（1981 年）	
《中共中央关于科学技术体制改革的决定》（1985 年）	

（二）第二阶段：系统发展（1986—1994）

20 世纪 80 年代末至 90 年代初是我国科技政策系统发展阶段（见表 3-1-2）。为了解决科技管理体制僵化、科技政策与经济发展脱节等问题，有效调动科技工作者的积极性，国家本着"科学技术要面向经济建设，经济建设要依靠科学技术"的指导思想，出台了一系列科技政策进行战略部署，引领科技发展走向系统化、全面化。这个阶段正处于我国由计划经济向市场经济转型的时期，按照"国家主导、市场引导"的科技体制模式，国家加大了科技政策的市场导向力，营造了竞争的氛围，引导市场在资源配置中的主导作用，推动国家科技稳步向前发展。但在市场经济体制建立初期，科技政策的运行和经济发展的运行仿佛两条并行的轨道，互相依托、相互作用的效果还未发挥出来，形成了科技成果转化率较低，科技创新动力不足的局面。

表 3-1-2　我国科技政策系统发展阶段

相关政策	整体情况
《高技术研究发展计划纲要》（简称"863"计划，1986 年）	国家同时还推出了"星火计划""火炬计划"和"攀登计划"，这 3 个计划分别从科技助力振兴农村经济、推动高新技术成果商业化和推动基础研究重大项目研究等不同领域和侧重点对科技发展进行战略部署，对我国的科技发展产生了深远影响
《中华人民共和国技术合同法》（1987 年）	
《中国科学技术政策指南》（科学技术白皮书第一号，1986 年）	
《关于进一步推进科技体制改革的若干规定》（1987 年）	
《关于深化科技体制改革若干问题的决议》（1988 年）	
《中华人民共和国科学技术发展十年规划和"八五"计划纲要》（1991 年）	
《中华人民共和国科学技术进步法》（1993 年）	
《中国 21 世纪议程》（1994 年）	

（三）第三阶段：调整（1995—2005）

1995—2005 年是我国科技政策调整阶段（见表 3-1-3）。这一时期，高等教育作为国家科技发展的一个重要部分，得到了国家的重视，随着《中共中央　国务院关于加速科学技术进步的决定》在全国科技大会上颁布，强调坚持以教育为本，把科技和教育摆在社会经济发展的重要地位，把经济建设转移到依靠科技进步和提高劳动者素质的轨道上来，继续推进科技体制改革，构建国家创新体系。1997年，党的十五大正式把"科教兴国"确定为国家发展战略。随后，"211工程"和"985工程"的启动，体现了国家建设一批世界一流大学的想法和决心，是国家为了充分发挥高等教育在科技创新中的重要作用的有力举措，为高等学校的学科建设和科研能力提升指明了努力的方向。

从这一时期颁布的科技政策中可以看出，我国加强了科技创新体系的建设，提高了教育的地位，关注到了科技创新主体间的联系和互动，同时与科技相关的法律法规也越来越健全，增强了科技政策的对外开放水平。然而，关键领域的高精尖人才缺乏，制约了我国在重大发现和重大技术突破方面的科技进步。

表3-1-3　我国科技政策调整阶段

相关政策	整体情况
《关于"九五"期间深化科学技术体制改革的决定》（1996年）	这一时期我国开始注重科技创新体系的建设，尤其注重发挥高等学校在创新体系中的功能，促进科技创新产出，不断加大科技成果转化力度，增强科技创新对外开放水平
《中华人民共和国促进科技成果转化法》（1996年）	
《迎接知识经济新时代，建设国家创新体系》（1997年）	
《国家重点基础研究发展计划》（简称"973计划"，1997年）	
《关于设立中外合资研究开发机构、中外合作研究开发机构的暂行办法》（1997年）	
《关于加强技术创新、发展高科技、实现产业化的决定》（1999年）	
《关于促进科技成果转化的若干规定》（1999年）	
《关于外商投资设立研发中心有关问题的通知》（2000年）	
《科研条件建设"十五"发展纲要》（2001年）	
《2004—2010年国家科技基础条件平台建设纲要》（2004年）	

（四）第四阶段：提升（2006—2018）

2006—2018年是我国科技政策提升阶段（见表3-1-4）。2006年，中共中央、国务院召开全国科学技术大会，出台了《关于实施科技规划纲要增强自主创新能力的决定》，同时发布了《国家中长期科学和技术发展规划纲要（2006—2020）》及若干配套政策，根据"自主创新、重点跨越、支撑发展、引领未来"的指导方针，提出营造激励自主创新的环境，推动企业成为技术创

新的主体，努力建设创新型国家。2007 年，党的十七大报告提出，提高自主
创新能力、建设创新型国家是国家发展的战略核心，是提高综合国力的关键。
2012 年，中共中央、国务院颁布的《关于深化科技体制改革 加快国家创新体
系建设的意见》指出，科技体制改革要紧密围绕国家创新体系建设这一宏伟
目标。中国共产党第十八次全国代表大会明确提出，科技创新是提高综合国力
的战略支撑，必须摆在国家发展全局的核心地位。2015 年，中央深化改革领
导小组发布《深化科技体制改革实施方案》，提出坚持走中国特色自主创新道
路，聚焦实施创新驱动发展战略，以构建中国特色国家创新体系为目标，推动
以科技创新为核心的全面创新，促进军民融合深度发展，营造有利于创新驱动
发展的市场和社会环境，激发大众创业、万众创新的热情与潜力，主动适应和
引领经济发展新常态，加快创新型国家建设步伐。

表 3-1-4　我国科技政策提升阶段

相关政策	整体情况
《关于实施科技规划纲要增强自主创新能力的决定》（2006 年）	"珠峰计划"和"2011 计划"提出对于高层次人才的引进，推动知识创新、技术创新、区域创新的战略融合，对我国创新体系和创新型国家建设意义重大
《国家中长期科学和技术发展规划纲要（2006—2020）》若干配套政策（2006 年）	
《关于深化科技体制改革，加快国家创新体系建设的决定》（2012 年）	
《深化科技体制改革实施方案》（2015 年）	

在新的历史阶段，随着我国科技实力的不断提升，科技政策瞄准世界经
济和科技前沿阵地，更加开放、精准，更加注重自主创新。然而，我们也要
清醒地认识到，目前我国在基础研究和高科技领域的原始创新能力依然薄
弱，企业在区域创新体系中的主体作用并未充分发挥出来，高端科技人才十
分匮乏。在全球化时代，要想在国际竞争中立于不败之地，必须加强原始创
新能力建设，通过引进、消化、吸收、再创新，最终实现自主创新和开放创
新的有机统一。

科技政策具有鲜明的时代性，各个历史时期的政策具有深刻的时代烙印，
每个时期的政策必然要顺应当时的国际环境和国内经济社会的发展需求。随
着社会的进步，科技政策要根据时代的变迁不断修订和完善。现今，科技发
展和经济建设是我国科技政策关注的两大主要方面，科技政策由单项指导向

多元配套组合的方向发展，科技政策的战略导向从引进、消化吸收的模仿创新过渡到集成创新和自主创新，科技政策的开放程度不断提高。

第二节 河北省科技政策分析

从科技政策的制定主体来说，不同主体有着不同的侧重点和表现形式。例如：国家层面制定的科技政策具有鲜明的权威性、强制性和指导性，主要表现形式是法律法规、条例和一些规章制度等；省级层面制定科技政策时首先要解读国家层面的政策，其次根据自己的实际情况，制定更加具体的、可操作性的"办法"和"计划"；地方高校一般是根据上级主管部门的要求和驻地经济社会发展实况，将自身科技发展的需求和学校整体的规划结合起来，出台更具针对性的校级管理文件，指导学校科研活动的进行。

一、河北省科技政策文本选取

考虑到科技政策文本收集的全面性、有效性和非重复性，经过搜集和筛选，最终选取了河北省一级单位发布的2014—2020年的相关科技政策作为研究对象，共计66份，43万字左右。河北省科技厅是科技政策的主体单位，发布的政策最多，大约占比为45%，河北省发展和改革委员会、河北省财政厅、河北省住房和城乡建设厅、河北省人力资源和社会保障厅和河北省工业和信息化厅发布的政策数量紧随其后，占比分别为16%、14%、14%、13%和13%。

二、河北省科技政策文本分析

词频方面：河北省的科技政策出台还是紧紧围绕主题开展的，"科技"和"创新"出现的频次最高，体现出了政策内容的核心导向；"企业"和"技术"出现的频次次之，表明了企业作为科技政策服务的主体地位，以及技术在科技发展当中的重要作用；其余的"发展""服务"等关键词囊括了科技发展的其他关键要素，也展现了河北省在制定科技政策时的关注点和侧重点（见表3-2-1）。具体表现为对科技研发活动的支持，加强人才引进和培育，致力于通过项目管理、产业发展、成果转化、监督评价等多角度多层次的政策内容来提升全省的科技创新能力。

表 3-2-1　河北省科技政策文本词频占比

排名	关键词	占比 / %
1	科技	12.39
2	创新	12.11
3	企业	11.31
4	技术	11.30
5	发展	10.99
6	服务	10.87
7	科研	10.82
8	人才	10.77
9	项目	10.76
10	管理	10.71
11	建设	10.71
12	产业	10.70
13	成果	10.66
14	机构	10.64
15	支持	10.62
16	单位	10.61
17	评价	10.60
18	创业	10.54
19	工作	10.51
20	实施	10.49

　　涉及的学科方面：社会科学几乎是自然科学的一倍，占了主要的部分。在政策标题中，出现频次最高的是政策和机制，其次是制度，标准类的占比较小。因此可以看出，科技政策具有较强的社会科学倾向，且较重视政策的引导和机制的健全，对于可量化的标准关注较少。

　　结构方面：一是具有整体性。各类政策都是紧紧围绕《河北省国民经济和社会发展第十三个五年规划纲要》，根据河北科技发展的实际情况及遇到的难点问题，以建设创新型河北为目标，最终形成了推动全省科技创新改革的整体全局部署安排。除了明确政策的条目，对于政策出台以后如何落地，如何让政策覆盖的群体受益都有明确的规定，助力政策发挥出更好的效能。二是具有针对性。制定政策必然是为了解决问题。在发展中遇到了具体的问题，就需要针对出现的问题制定相关政策并监督落实。例如河北省针对创新能力和科技成果转化率不高的问题出台了《河北省产业技术创新战略联盟构建与发展实施办法》《河北省人民政府关于大力推进大众创业万众创新若干政策措施的实施意见》和《河北省促进科技成果转移转化行动计划（2016—2020年）》等政策方针，及时回应了科技人员对于政策的需求，力求激发、释放人才创新创业活力，让全省人民都从科技创新政策当中获得收益。

就目前情况来看，河北省出台的各级各类科技政策，基本上包含了国家、科技部等主管部门政策要求的各个方面，也涵盖了高校、科研平台、企业、研发机构等多个科技创新主体，整合了基础研究、技术研发、技术转移、产业化、市场化等一体化创新链条中的每个关键节点，从出台针对性的科技政策向着建立健全科技政策体系过渡，有效促进了科技创新主体间的良好沟通和合作。

归类分析：2014—2020 年，河北省科技政策的文本体系基本上包括了综合目标规划、科技管理改革、科技人才、科技企业、科研机构改革、技术进步、创新创业、科技成果与知识产权等八大方面。

一是综合目标规划类，主要包括：《河北省科技创新"十三五"规划的通知》《加快推进科技创新的若干措施》《河北省人民政府办公厅关于加快 5G 发展的意见》《关于深化项目评审、人才评价、机构评估改革的实施意见》等。这些政策主要是基于对河北省科技创新环境现状的评估，结合国家和科技部的政策要求，制定短期和中长期的发展规划，以提升协同化能力为核心目标，加强不同领域科技要素的流动，推动战略性平台的建设，引导创新，突破关键技术瓶颈，形成"以点带线、以线带面"的产业发展体系。

二是科技管理改革类，主要包括：《河北省深化科技体制改革实施方案》《河北省科技创新政策落实评估工作指引（试行）》《河北省省属科研事业单位设置评估办法》《河北省人民政府关于深化省级财政科技计划（专项、基金等）管理改革的意见》《关于深化科技改革创新推动高质量发展的意见》等，从不同角度对不同主体提供了全新的科技管理制度，涵盖了河北省科技创新发展的各项内容。这些政策强调：要进一步强化企业的创新主体地位，充分激发企业的内在活力；要深入落实高校与科研机构的人才供给机制，落实人才管理计划，加强高质量发展的智力支持，提升创新供给能力；要构建更有效的成果转化机制，及时发现、弥补短板和不足，加速技术成果的产业化和资本化进程，推动各类激励政策稳妥有效落地；要形成以知识价值为核心标准的科研人员收入分配机制，持续提升科研人员的自主研发能力和自主权，完善成果转化发展的长效机制。在这些政策的指引下，河北省科技创新服务能力日益加强，人才管理激励机制也日益健全。

三是科技人才类，主要包括：《关于加快推进科技人才评价机制改革的实施意见》《中共河北省委 河北省人民政府关于深化人才发展体制机制改革的实施意见》《河北省科技英才"双百双千"工程实施方案》《关于扶持高层次创新团队实施细则（试行）》等。这些政策提出：首先，河北省的企事业单位要大力引进高层次人才，努力争取与院士、"长江学者"等高水平专业人才合作科研项目的机会，提升河北省的科技创新水平；其次，要求在河北省内营造适合高层次人才、青年学者和大学生创新创业的大环境，大力解决引进人才在落户、子女教育、住房保障、医疗护理等方面的困难，与有关部门协作建立健全人才引进体制和人才保障机制；最后，要求双管齐下，人才引进和人才培养两手一起抓，两手都要硬，坚持分类推进的原则，构建政府服务、市场引导的人才引导配置体系。

四是科技企业类，主要包括：《河北省科技型中小企业贷款风险补偿实施细则（试行）》《河北省科技创新券实施细则（试行）》《河北省企业研究开发费用税前加计扣除项目鉴定办法》《河北省天使投资引导基金管理实施细则（暂行）》《河北省山区创业奖励办法》等。这一系列文件的出台，一是再次强调了企业作为科技创新的重要主体地位，从政策的层面完成了统筹协调和资源分配；二是系统明确地规定了企业所享受的科技创新激励政策，是企业在研究开发过程中享受各种优惠政策的依据和标准；三是对河北省内的科技型中小企业的发展前景进行规划，推出"苗圃工程""雏鹰工程""小巨人工程""上市工程"四大工程，助力企业快速健康成长；四是鼓励科技型的企业加强和研发机构、高校的沟通合作，为企业的各类科研创新都提供了政策支持，对科技创新券的使用作出了明确规定，激发了企业在创新研发活动中的积极性，同时还出台了针对科技型中小企业贷款风险补偿以及开发区专项资金使用的管理办法，为科技型企业的发展提供了政策支持。

五是科研机构改革类，主要包括：《河北省省属科研事业单位设置评估办法（试行）》《河北省产业技术创新战略联盟构建与发展实施办法》《河北省省级产业技术研究院建设与运行管理办法》《河北省企业重点实验室建设与运行管理办法》等。这些政策文件的出台，传递了河北省对于企业研发和事业单位研发机构改革的中心思想，对于企业培育自己的新兴研发机构进行政策性的引导和鼓励，同时，借助高等院校和科研机构的智力资源，围绕河北省即将大力发展的战略新兴技术产业和具有创新动能的传统优势产业，结合区域特色产业发展能力和发展需求，以提升产业竞争力为目标，协同建立完善各类公共技术产业发展服务平台。

六是技术进步类，主要包括：《河北省科学技术进步条例》《河北省技术转移体系建设实施方案》《河北省县域科技创新跃升计划（2019—2025 年）》等。这些文件从政策的高度强化了科学技术创新对经济高质量发展的支撑作用，为提高河北省自主创新能力，加快科技成果向着生产力转化奠定了坚实的基础。同时，还针对创新能力和创新水平不同的区域，制定了相应的提升计划，比如县域科技创新跃升计划等，开展有重点的体系建设，进一步完善了河北省的科技创新体系。

七是创新创业类，主要包括：《河北省人民政府关于大力推进大众创业万众创新若干政策措施的实施意见》《加快推进科技创新的若干措施》《河北省省级技术创新引导专项（基金）后补助管理规定》和《河北省产业技术创新战略联盟构建与发展实施办法》等。这一系列政策文件提出，一是要打造更优质的创业孵化平台和线上线下互动发展的专业众创空间，借助已经具备的在新能源和生命健康领域的优势，建设具备带动和辐射能力的众创空间和星创天地，建设新兴产业"双创"示范基地；二是持续以激发企业创新发展活力为主要目标，提升中小企业的竞争力，大力发展高新技术企业，鼓励山区创业，对新技术、成果转化应用、成果推广等项目进行持续性奖励。三是形成稳定的具有成熟发展能力的创新性产业集群，在做大做强特色主导产业的同时，形成更加稳固成熟的现代服务业发展系统，推动企业更快更好地实现开放协同创新。

八是科技成果与知识产权类，主要包括：《河北省人民政府关于加强知识产权保护和运用工作的意见》《河北省促进高等学校和科研院所科技成果转化暂行办法实施细则》《河北省促进科技成果转移转化行动计划（2016—2020年）》《河北省科学技术进步条例》和《河北省人民政府关于加快知识产权强省建设的实施意见》等。这些政策文件的出台，针对科技成果转化和知识产权，优化细化了制度落实，提出由相关政府部门牵头建立组织协调机制，促进形成基于成果转化和流动的互惠互利的技术交易市场，加强技术转移转化、金融资本进出等服务机构的协同互动；鼓励技术人员、学校、科研机构持续性创造、开发、应用知识产权，提升技术水平；以强化知识产权保护为主线，加快建立高效协同的知识产权保护体系，更大力度加强知识产权保护国际合作，不断提升知识产权保护能力和水平；以知识产权强保护助力知识产权强省建设，以全链条知识产权保驾护航创新创业全链条，奋力开创知识产权强省建设新局面；要强化执法监管制度建设，严厉打击侵犯知识产权的违法违规行为，从立法、司法及执法角度全方位形成知识产权保护体系，加强舆论监督和宣传教育，构建重视知识产权的社会氛围和发展环境，形成多方参与的共治格局。

三、河北省科技政策文本特点

根据对河北省科技政策文本的分析，可以看出，目前河北省科技创新政策呈现出以下几个显著特点：一是科技主管部门对于科技创新政策的顶层设计给予了足够的重视，整体体系趋于完善；二是认识到优秀的科技人才对科技创新的决定性作用，对于核心创新的主体——人才，给予了足够的关注；三是关注到企业在科技创新活动中的关键作用，对企业的科研成果研发和转移转化积极给予政策倾斜和资金补助；四是科技创新中技术创新成为核心点，在技术研发的各个环节中，知识产权的保护和科研成果的转化是两个需要高度关注的领域；五是创新服务平台运行稳健，发挥着不可或缺的作用，为河北省科技创新政策实现整体联动性发展及各个创新主体间的有效沟通连接作出了卓越的贡献。

第三节　构建促进高校服务地方经济社会发展的科技政策体系

对于河北高校而言，河北省的科技政策涵盖高校创新能力建设、高校科研平台构建和项目管理、高校服务地方经济社会发展、科技成果转化以及知识产权保护等内容，对于促进高校服务地方经济社会发展能力的提升具有显著作用。如何构建促进高校服务地方经济社会发展的科技政策体系，省级层面和高校层面可从以下几方面提出改革举措。

一、省级层面

一是加强科技政策地方立法。全国政协委员王悦群在 2021 年 3 月提出，要完善科技法治体系，加强科技创新领域立法，出台一部统一的《科技创新法》作为基本法，以此为基础充分吸收和利用税收、产业、经济、战略、科技等方面的相关法规，吸纳整合为完备的、统一的科技创新法律保障体系。希望从立法的角度约束政府的科技管理职能，也将咨询机构、科技专家等第三方力量吸纳到科技决策咨询、立法和执行中。从河北省 2014—2020 年发布了 66 个科技政策文本分析来看，大多为发展规划、实施细则、管理办法和意见等，对于科技创新活动的指导力度较弱，对科技创新主体的规范和约束力不够强。因此，加强科技政策地方立法是形成高校服务地方经济社会发展体系的重要内容。

二是加强专项类科技政策的设立，注重科技创新成果的质量。目前河北省建立的科技政策以普适性政策为主，有个别针对新型智库建设和科技成果转化的建设指导意见，但大多致力于构建产学研联动的科技创新体系。比如河北省教育厅作为高校科技创新政策的主要制定部门，出台的文件一般都是关于科研平台考核和科研项目管理的，未激发出高校服务地方经济社会发展能力的巨大潜能。应加强科技成果转化、产学研融合等专项类科技政策的设立，从之前对科技投入产出、论文、著作、专利等指标的数量要求，向着提升科技创新成果质量的要求发展，破"五唯"（唯分数、唯升学、唯文凭、唯论文、唯帽子），鼓励科技成果的多样化，优化科技成果的结构。

三是合理使用各类政策工具，提高各类政策工具的使用效率。随着科技政策数量的不断增加，河北省科技政策所使用的三类政策工具也开始拉开差距。虽然促进科技成果转化的科技政策体系已经逐步形成，但所使用的政策工具结构并不合理。其中，供给类政策工具占比最多，而需求类政策工具与环境类政策工具占比较少。虽然供给类科技政策为高校科技成果转化带来了必要的科技资源，但随着成果转化体系的逐渐完善与形成，尤其需要需求类与环境类政策工具为成果转化创造良好的市场秩序与转化环境。从各类政策工具与科技成果转化各指标的关联度来看，部分政策工具与科技成果转化指标的关联度较低，如政府采购、金融支持、中介机构、收益分配等政策工具与多个成果转化指标关联度较低，各项政策工具所发挥的作用并不平衡，个别政策工具的作用微乎其微。在政策工具运用过程中，要提高各类政策工具使用的绩效水平，从而促进高校更好地服务地方经济社会发展。

四是整合资源，构建科教园区。孵化器是创业项目和技术资源沟通的重要桥梁，也是高校服务地方经济社会发展的主要平台，具有寻找优质项目和为创业项目提供精细化和专业化优质服务的功能。河北省应注重对地方高校的科研资源、项目和成果等信息的收集和整理，协同企业、科研院所和高校申报建立国家级、省级的协同创新中心，把政策、资本、科研、市场的作用有机结合起来，构建高校科技园区，从而更好发挥高校资源在产业转化、产业升级、产业引领、人才聚集等方面的作用，为科技成果转化提供强大的助推力。

五是打造知识经济圈，实现城区发展与高校发展的良好促进。目前已经有很多成功的案例，如美国的"硅谷"就是依托斯坦福大学建立的，英国的牛津市是依托牛津大学发展起来的。我国上海市的环同济知识经济圈也是一个典型的示范区，从 1990 年起，同济大学周边的厂房逐渐成为建筑设计类企业的孵化器或者形成了创新产业园区，吸引了大批的毕业生前去创业，成为国内最具影响力的设计产业基地。根据 2022 年的统计数据，该经济圈总产出已达 550 多亿元。在这里，知识、人才、产业和城市空间互动发展，互相促进，走出了一条依托知识、人才与文化等内生资源，实现产业提升带动城区发展、城区参与大学发展的道路。

二、高校层面

高校科技政策按照功能来说，大体分为六类：科研管理办法、科技人才管理办法、科技经费管理办法、知识产权管理办法、科研激励办法和促进成果转化办法。高校科技政策的制定，不仅要贯彻执行国家和省市的科技政策精神，还要根据区域经济的发展现状以及自身办学特色综合考虑，构建符合自身发展的科技政策体系。

一是提高科技管理人员的创新水平。科技管理人员在科技创新活动中扮演着重要的角色，不仅需要关注科技发展大环境的变化、发展趋势和特点，还需要主动学习现代管理的先进手段和知识，为教师和外界科技资源搭建沟通的平台，为科技创新做好服务。因此也要求高校不仅关注科研一线人员的激励和管理，还要重视对科研管理人员的激励，为其创造培训和晋升的机会，鼓励其多思考、勤总结，增强管理上的协同创新能力，积极解决学校在科技创新管理中遇到的难点和新问题，充分调动科技管理人员创新的积极性。

二是创新高校人才管理机制。党的十八大以来，习近平总书记高度重视科技创新，2022 年 6 月，他在四川省宜宾市考察时再次强调了创新在国家发展中的核心作用，特别提到了要努力提高自主创新能力。高校提高自主创新能力，关键在于人才的培养和引进。目前，高校的用人机制还需要进一步完善，存在着用人的自主权不足，行政审批手续复杂、程序烦琐，人员流动的机制差，评价指标不够合理，在绩效考核过程中更多关注公平性，没有起到真正的激励作用等一系列问题，大大降低了学校人才队伍建设的效率。因此，高校人才管理机制亟待创新，可按以下两种工作思路推进：

第一，推行"校院二级管理"，在二级学院设置科研科和科技管理专员，专门负责学院教师的科研管理以及科技创新服务工作。一方面可以加强学校和学院之间有关科研信息的沟通；另一方面可以明确责权划分，学校通过发展规划和资源配置引导学院发展，形成职责明确、管理规范、监督有效的良好运行机制。

第二，支持高校研究机构对专职人员的聘用。高校内国家级和省级重点实验室、研发中心一般都有较为充足的经费支持，学校按照研究机构上级管理部门的要求，为机构提供专门的场地以及编制内的人员名额，供其选聘专职人员从事研究活动。学校可对没有经费支持的校级研究机构进行考核，给予考核结果为优秀的机构一定的经费资助，供其选聘专职人员。这些专职人员的基本工资可由学校承担，绩效工资则由研究机构承担。制定专职人员管理规范，定期对专职人员进行考核，并逐渐将该类专职人员纳入学校编制内。

三是落实自主创新管理政策。高校在完成自主创新管理政策的制定以后，关键在于如何落实。科技创新涉及很多方面，再加上目前高校推行的精细化管理和专业化服务，因此科技创新的管理部门较多，比如科学技术研究院、社会科学处、大学科技园和技术转移中心、国家重点实验室、知识产权信息服务中心、协同创新中心以及创新创业研究中心等多个二级单位，政策在落实工作中，需要有专门的领导主抓，理清多个单位之间的关系，促进各单位的协同合作，实施联动管理，从而更好地落实自主创新管理政策。

四是营造科技创新的良好氛围。对于传统模式化的科技创新管理模式进行改革，引入以"自由、民主、平等、协商"为精神内核的现代公共管理治理体系，重视市场在科技创新活动中的引导作用。首先，加大引入社会层面的创新基金的力度，引导企业、社会团体等社会资本注入高校的科技创新领域；其次，积极鼓励高校特色学科加入相应的行业协会、高科联盟以及产业技术创新联盟，学习先进的理念，加强与本行业顶尖专家的交流，提升高校的"双一流"建设水平和服务地方经济社会发展的能力；最后，引入第三方科技中介服务机构，全面协助高校进行科技创新发展和科研成果转化，营造良好的科技创新氛围。

五是完善和优化科技投入。高校要积极落实资金的配套使用，保证科技投入的最高利用率。建立多元的科技投入体系，不断优化科技创新资金投入的模式，并严格执行对科技投入的动态监管。重视科技人才引进，加强人才队伍建设。一方面，高校管理部门制定的人才政策要有弹性，保障学校可以最大限度地引进优秀人才；另一方面，高校要建立健全人才队伍管理体系，健全人才激励和维护机制，给予人才足够的发展空间。政策上开放环境建设，协调各种建设力量，加强基础环境建设创新，加大实验基地、实验平台、信息服务平台、共享资源等平台的建设，加强各产学研项目的开发，改善河北省高校科技创新总体环境，提升全省高校科技创新综合实力和竞争力。

第 四 章

新经济形势下的高校科技成果转化

第一节　科技成果转化的主要模式

科技成果是一个具有中国特色的概念，从"科学"演变而来，指的是人们从科技生产活动中通过复杂的智力劳动获得的一种法定机关认可的具有公认的学术价值或可以取得经济效益的一种知识产品，基本等同于"知识产权"或"专有产品"，具有新颖性、先进性、实用性与重复性等特点，一般是通过专家鉴定、专利审查、市场评估等一定形式进行确认的具有独立、完整内容及存在形式的成果。

科技成果转化是科技创新活动全过程的"最后一公里"，在很大程度上影响着科技创新活动的成功与失败。同时，科技成果转化是一个进一步研发和开发的过程，科研人员可以在这一过程中获得更多的市场需求信息，从而在之后的科学研究中获得新的思路和灵感。因此，国家也给予了相当程度的重视。1996 年，国家出台了《中华人民共和国促进科技成果转化法》，以促进科技成果的转化和应用。2014 年，全国技术合同的成交额约为 8 570 多亿元，相当于企业一整年用于研发的投入额，这个数额是巨大的。对于高校和科研机构来说，他们聚集了大量的高层次专业人才，承担的科研任务和产出的科研成果在全国占了很大的比重，但技术合同的成交额却占比很低。由于我国科技的高速发展，之前出台的《中华人民共和国促进科技成果转化法》出现了一系列不适应的问题，例如科研成果转化意识不强，尤其是高校中很多成果躺在实验室或教室中，无人知晓，也没人有将其进行转化的意识；事业单位的科研成果在转化过程中审批手续烦琐，周期长；科研成果转化的收益归单位所有，用于全体人员的绩效支出，大大影响了科研成果转化的时效性以及科研人员对科技成果转移转化的积极性。

2015 年对《中华人民共和国促进科技成果转化法》的修订从高校及科研院所、企事业单位、科研人员三个维度进行了完善，重建了促进科研成果转化的科学评价体系，重点解决了以上问题。修订后的法规保障了全社会对科研成果的知情权，加强了国家和地方政府所支持的科研成果的信息发布；转变政府职能，取消审批，赋予科研机构成果使用权、处置权；建立利益机制，使科研人员、科研机构在转化过程中有收益，激励其转化热忱；强化了企业在科技成果转化中的主体作用；政府建立公共服务平台，提供科研成果转移转化的市场，并创建与之相适应的税收、政策环境。

《中华人民共和国促进科技成果转化法》的修订，目的在于将高校和科研机构的潜能激发出来，让科研人员走出象牙塔，带着富有创造性、创新性的科技成果走向社会，服务社会，为产业升级和产业调整作出贡献。随后，国家进一步完善了科技成果转化的配套政策，由科技部牵头，制定高校和科研机构科技成果转化年度报告制度、科技成果转化市场化定价挂牌公示管理相关制度、加强对应用类科技计划项目科技成果转化的管理和监督制度、科技计划项目成果对外转让审查制度，以及继续推进国家科技报告制度等。

2017 年 9 月，国务院印发了《国家技术转移体系建设方案》，旨在破解当前技术转移体系建设面临的难题，构建符合科技创新规律、技术转移规律和产业发展规律的技术转移体系，进而提升国家创新体系整体效能，发挥好科技成果转化对经济社会发展的推动作用。

高校是国家培养科技人才的主要力量，也是产出基础前沿科学、突破性技术和各类专利的重要阵地，加强高校成果转化已成为国家引领创新发展、提升科技竞争力的重要措施。教育部会同财政部和国家发展改革委于 2018 年8 月印发了《关于高等学校加快"双一流"建设的指导意见》的通知，明确将高校科技成果转化纳入高校"双一流"建设的评价体系中，从政策的高度上引导高校做好科技成果转化的顶层设计和政策引导工作，从政策实施、氛围营造、机构设置、资源聚集、专业人才队伍建设等多个方面统筹推进科技成果转化工作。

一、自主转化模式

自主转化模式指的是科研成果从研发到生产都由高校、企业和科研机构所属人员独立完成的一种转化模式，既省去了市场交易的手续和费用，也避免了成果泄密和权益所属的问题。同时，因为研发人员对系统内的设施的运用更加全面和到位，有利于加快设备的更新换代以及提升产品生产的效率和经济效益。然而，就我国目前的科技成果转化现状来看，能够实现自主转化并市场化的机构并不多。因为自主研发并实现转化对研究和生产的要求比较高，不但需要扎实的自主研发和与市场对接的能力，还需要科研人员、经费、设施条件、保障措施等关键因素能够形成一个完整的链条，共同克服转化过程中遇到的各种困难。

被大众所熟知的清华同方和清华紫光则是比较成功的校办企业案例，它们依托清华大学雄厚的科研实力开展自主研发和成果转化工作，同时也是国家和政府重点支持的高新技术企业。因此，它们的成功来源于强大的自主研发能力以及足够的政府政策和资金支持。

二、技术转让模式

技术转让模式在高校科技成果中比较常见，是指技术商品从一方转到另一方的行为。主要形式为高校和科研院所将自己的研发成果通过转让的形式付诸企业，由企业来实现成果转化，一般包括专利权转让、专利申请权转让、专利实施许可和非专利技术（技术秘密）转让4种方式。高校、科研院所和企业之间尚未建立十分稳定的长期合作关系，因此，科技成果的技术转让大多需要通过中介服务机构来完成。

随着科技成果转化需求的增大,对科技中介服务机构的要求也越来越高。科技中介服务机构一般包括生产力促进中心、科技企业孵化器、科技咨询评估机构、技术市场、科技情报信息机构及科技风险投资中心等。国内科技中介服务机构和国外相比,起步较晚,专业的机构数量也不多,这种情况在改革开放以后得到了较大的改观。但随着我国科学技术的发展和进步,科技成果转化的服务需求增长很快,大大超过了科技中介服务机构的发展速度。因为科技中介机构缺乏健全的管理制度和较高的服务质量,导致企业在与中介机构进行合作的过程中出现了成果滞留时间长和一系列的产权纠纷等问题。针对这种情况,科技部把 2003 年作为中介服务机构的建设年,出台了建设公共信息平台、税收扶持政策、培育骨干科技中介服务机构和建立行业协会等一系列的助推政策措施来推进中国科技服务机构的发展。近些年,国家对于科技成果转化工作非常重视,在相关政策措施中对中介服务机构的培育和发展也作出了规划,为中介机构和高校、企业的合作提供了制度保障,也有力地促进了科技成果转化工作的开展。

三、产学研联合转化模式

产学研联合转化指的是企业、高校和科研院所协同合作进行科技成果转化的一种模式。这一模式在国内已实行了较长一段时间,但转化的渠道不是特别通畅,效果也不太理想。随着产品的升级换代速度加快,新的企业和产品不断涌现,技术创新成为企业生存发展的核心要素,企业家们也重新认识到创新和技术研发的重要性。高校和科研院所拥有很好的科研条件和理论支撑,而企业又具备先进的技术和设备支撑,因此产学研联合的转化模式在全国各地得到了广泛的应用。这一模式在国外发达国家取得了比较成功的经验,我们可以分析国外发达国家在产学研联合转化方面的成功案例,借鉴其成功经验。

美国产学研联合转化的特点主要是:资金支持来源广泛,经费保障充足;有专门设立的产学研合作管理机构;大学和政府合作,联系密切;大学与企业的合作稳定持久,并由企业直接实现成果转化。

德国产学研联合转化的特点主要是：重视职业教育，注重技术型人才的培养；企业与高校联系密切，关注市场需求和走向，共同开发生产市场需要的科研成果；实行"顾问合作制"，选派高校教师赴各大企业担任技术顾问，提高了高校与企业技术研发的协调性；根据各大高校的学科特色和企业需求联合制定合作计划。

加拿大产学研联合转化的模式大致有两种，一种是聘任企业管理高层人员到高校担任客座教授，既加强了企业对高校的了解，也为企业的发展提供了人才与研发保障；另一种是建立校企联盟，由高校安排学生到专业对口的企业进行实地带薪实习，高校负责学生的理论成绩考核，企业负责学生工作能力的考核，从两个方面促进人才综合能力的提高。

日本认为高校的教育和研发必须和企业密切结合起来，将产学研合作定为"基本国策"，还推出了一系列相关政策和制度来保障校企合作的稳定性和长久性。

四、高新技术园区集成转化模式

高新技术园区是由政府批准建立的、以发展高新技术为目的的科技工业综合园区，通过集合国内智力资源、先进技术和资金，同时吸纳和引进国外先进的人力物力资源、资金和管理模式，制定关于税收和贷款的相关优惠政策，优化创新环境，致力于将科技成果转化为生产力，加快科技研发与生产相结合的综合性基地。

国内比较著名的高新技术园有北京中关村科技园、上海张江高科技园区和台湾新竹科学工业园。这些园区的产业布局、管理机制、创新理念以及对社会的贡献等都是值得学习的典范。同时，美国、日本、法国、德国等发达国家也有成功的高新技术园区集成转化模式值得我们学习借鉴。

北京中关村科技园是中国第一个国家级高新技术产业开发区、第一个国家自主创新示范区、第一个国家级人才特区，是我国科教智力和人才资源最为密集的区域，规模很大，共有 16 个区。根据北京市科学技术委员会、中关村科技园区管理委员会公布的数据，根据 2022 年 1—11 月规模以上企业统计数据，示范区实现总收入 74 834.1 亿元，工业总产值 11 698.7 亿元，实缴税费总额 2 980.4 亿元，利润总额 6 336.5 亿元。

上海张江高科技园区是上海浦东新区四大重点开发区域之一，园区建有国家上海生物医药科技产业基地、国家信息产业基地、国家集成电路产业基地、国家半导体照明产业基地、国家 863 计划信息安全成果产业化（东部）基地、国家软件产业基地、国家软件出口基地、国家文化产业示范基地、国家网游动漫产业发展基地等多个国家级基地。张江高科技园区已形成集成电路、生物医药、软件及文化创意和新能源、新材料等战略性新兴产业集群。

美国的斯坦福大学早在 1951 年就创建了"斯坦福研究园"，这个园区是美国最早的科技工业园。在规划和建设中，形成了鲜明的斯坦福研究园模式。一是结合斯坦福大学的尖端学科，建立了一流的工业和研发中心；二是吸引高精尖人才，组建研究团队，培育更多的人才；三是加强基础研究，增强知识储备；四是制定激励政策，激发研发人员科研创造的积极性。

日本具有代表性的高新技术园区则是筑波大学的高技术科学城。它的特色在于其规划和管理都是由国家权威机构统一负责的，采取的是一种国家统一领导、下面各部门分工协作的管理模式。在园区的发展过程中，国家给予其在税收、资金引进等方面的政策倾斜和优惠政策，并对园区的规划提出了建设性的意见，从特色的高新技术领域，比如新材料、新能源、信息技术、航空航天和生命科学等着手研发，不断追求新思想、新理论和新成果。

第二节　示范地区科技成果转化经验借鉴

一、上海市科技成果转化的经验和做法

上海市积极贯彻落实《中华人民共和国促进科技成果转化法》以及国务院出台的《实施〈中华人民共和国促进科技成果转化法〉若干规定》的政策，围绕建设"具有全球影响力的科技创新中心"，结合"五位一体"的创新服务体系建设目标，聚焦企业的主体培育，在科技金融服务、科技创新政策支持、

加快科技成果转化和区域创新体系优先发展等方面走在了国内前列，取得了丰硕的成果。尤其是 1988 年就成立的上海市科技创业中心，是科技部批准的国家级高新技术创业服务中心。2010 年、2011 年和 2015 年，原上海市火炬高技术产业开发中心、原上海市高新技术成果转化服务中心和原上海技术交易所相关职能相继并入上海市科技创业中心。该中心营造了良好的创业氛围，为创业者和科技企业提供了全方位、全过程的综合服务，助力高新的科技成果的商品化、产业化和国际化。

（一）持续优化科技成果转化政策，政策执行有力

上海市科学技术委员会牵头联合上海市发展改革委、经信委、财政局等相关部门，成立了上海市高新技术成果转化项目认定办公室和认定委员会，负责高新技术成果转化项目的组织认定工作。1998 年，上海出台了《上海市促进高新技术成果转化的若干规定》，被认为是波及面最广、收效最明显以及让上海的科技企业受惠最大的政策。这一规定与其他人才引进、平台建设、高企认定的政策相互配合，打出了一套强有力的组合拳。自《上海市促进高新技术成果转化的若干规定》颁布实施以来，上海市一直坚持执行和落实，并分别在 1999 年、2000 年和 2004 年根据科技成果转化的形势变化和上海市的实际情况对其进行了修订，使其与时俱进，不断得到完善。

（二）明确科技成果转化的程序，设立政策试点示范区

为了加强科技成果转化管理的规范化和科学化，上海市对高新技术成果转化项目认定工作的相关规定和流程进行了认真的梳理，编写完成了《上海市高新技术成果转化项目认定办事指南》等文件，内容涵盖了高新技术成果转化全过程的各个主要环节和关键要素。

设定张江国家自主创新示范区为先行先试的试点平台，在全国率先进行科技成果的转化尝试，有序推进高新技术成果转化项目认定权限的下放。在供给侧结构改革方面，有效加强了项目认定管理的规范化，提升了审批效率和项目认定工作的服务水平，大大推动了企业创新能力的提升。

（三）财政资金扶持稳定，科技中介服务机构日趋完善

财政部门的经费支持是推动上海市科技成果转化产生显著成效的重要影响因素。上海市财政部门设立了专门的高新技术成果转化项目财政专项扶持资金，采取后补助的方式予以扶持。2010—2018 年，上海市财政每年拿出 7 亿元左右的专项资金，累计完成了 12 000 余项项目的认定和发证工作，引进高新技术成果转化人才 3 000 余人。这些项目财政专项扶持资金和贷款贴息政策的有效落实，大力促进了企业科技成果的转化。

同时，上海市还非常重视科技中介服务机构的发展。上海市科学技术委员会设立了专项资金，大力培育科技中介服务机构，通过后补贴的方式对专业的优秀技术转移转化机构进行奖励，督促和引导成果转移转化中介服务机构不断发展壮大。在政府服务窗口设立了"一站式"服务平台，专门受理科技成果转化申请等相关业务，并提供各类科技创新政策的咨询服务，助力政策的落地和实施，营造了良好的科技创新发展环境，为科技创新工作提供了很大的便利。

（四）配套政策协同推进，助力企业高技术人才队伍建设

为吸引更多的优秀科技成果转化人才在上海落户，上海市不仅出台了专门的高新技术成果转化人才引进政策，还协同上海市人力资源和社会保障局设立专门的服务窗口用于解决上海市每年提供的 200 名科技成果转化人才在落户中遇到的问题。

上海市专门制定了高新技术成果转化类职称的评审办法，设立了职称评审委员会，主要面向全市企业开展高新技术成果转化类职称评审工作，做到了分类评价、精准全面。这一举措大大提升了企业中优秀科技人才从事科技成果转化的主动性和积极性。

（五）建立项目动态跟踪机制，提升不同阶段企业的竞争力

上海市在科技成果转化项目管理方面也是走在了全国的前列，建立了动态的成果转化跟踪平台，通过成果转化的联络站，采用网络、短信、传真、会议、上门服务和工商税务协查等多种形式进行项目跟踪，不断完善成果转

化认定项目的后期管理和绩效评价体系，保障科技成果转化项目从开始到完成的各项关键步骤的顺利进行，也使得企业可以更好地享受科技转化的政策红利。

对于刚刚创业起步的企业来说，动态监管和跟踪有效减轻了企业的成本负担；对于成熟和转型期的企业来说，科技成果转化项目可以为企业获得持续的财政资金支持，从另一个意义来讲，也降低了企业的创新风险，引导和激励企业加大了科技创新的力度，提升了其市场价值。

（六）树立典型，突出典型的示范效应

上海市每年都组织高新技术成果转化项目的"百佳"和"自主创新十强"评选活动，组织召开高新技术成果转化项目的"百佳十强"年会，宣传成果转化的项目典型，并通过网络和电台等新闻媒体进行宣传，提升了典型的影响力。同时，还组织编制《高新技术成果转化年度报告》，通过数据分析、总结整理、典型推介等形式，对优秀的高新技术成果转化项目进行重点宣传。该举措对促进科技成果转化起到了重要的引导和示范效应。

二、青岛市科技成果转化的做法和成效

近年来，青岛市技术市场通过大胆创新技术市场管理服务工作模式、强化技术市场服务体系建设、培育发展专业化的技术市场服务人才队伍、提升技术市场服务机构的专业服务能力、搭建市场化的公共服务平台、建设覆盖全市的技术市场服务网络等举措，积极创新管理模式，不断完善政策，在全国技术市场中取得了优异的成绩。

（一）创新技术市场管理服务模式

2014 年，青岛市在国内首创了科技成果挂牌交易模式，正式推出科技成果挂牌交易规则。青岛技术交易市场举办了青岛市首届科技成果拍卖会，9 项科技成果参加拍卖，4 项成交，成交总额为 1 050 万元。随后，28 个项目作为首批挂牌项目上马。青岛市技术经纪人自发修订完成了技术交易"主协调人模式

（TMC）条款"，制定了科技中介业务协作和利益分配规则，改变了青岛市科技中介机构普遍小散弱的状况。

（二）建立健全技术市场服务体系

针对长期以来技术市场不繁荣、中介机构小散弱、技术市场不活跃的突出问题，以企业需求能满足、院所成果能转化、中介服务能到位、市场繁荣能发展为目标，青岛市出台了《青岛市国家科技成果转移转化示范区建设实施方案》，采取事后补助方式，建立"政府、行业、科技中介、技术经纪人"四位一体的技术市场服务体系，理清了政府与市场的关系，真正发挥了市场对技术研发方向、要素价格和各类创新要素配置的导向作用。

（三）培育专业化的技术市场服务队伍

青岛出台了《青岛市技术合同服务点管理办法》《青岛市技术转移服务机构评定和管理办法（试行）》《青岛市经纪人管理暂行办法》，全面开展针对科技中介机构和技术经纪人的培训、认定和考核。2013 年 10 月以来，每年举行青岛全市技术经纪人和技术市场专员培训，培训人员取得技术经纪人资格超过 60 余人次，打造了一支符合"专业化""市场化"要求的技术经纪人队伍。

（四）提升技术市场服务机构专业能力

2013 年，青岛市科技财政专项资金中设置了促进科技成果转化技术转移政策性补助资金 5 000 万元，专项用于培育技术市场和科技中介服务机构，采用后补助支持方式对技术转移示范机构、技术合同服务机构、技术经纪人培训机构和科技成果转化项目进行补助。2014 年，青岛市科技局和市财政局联合制定了《青岛市科学技术局促进科技成果转化技术转移专项补助资金管理暂行办法》，专项补助资金规模达到 4 000 万元，增加了对技术吸纳方和技术咨询服务方的补助。截至 2018 年，全市已培育技术转移机构 127 家。

（五）搭建技术市场的市场化平台

在高新技术产业开发区建立了具有交易、交流、服务、融资等综合功能的青岛技术交易市场，组建了青岛高创科技融资担保公司，截至 2014 年 10 月，与 20 余家金融服务结构搭建科技金融超市，开办营湾企业家俱乐部，为 100 余家科技企业提供了融资服务。设立山东省首个市级天使投资引导资金，首期募集资金 4 亿元，政府引导资金出资 200 万元，实现财政科技专项资金使用效能放大 20 倍。

开展市级技术转移示范机构建设，在各县市区设立了技术合同登记服务网点，组织开展了市级技术转移服务机构培育建设。"一网一厅"（蓝海技术交易网和技术交易服务大厅）于 2013 年 10 月投入运行，截至 2014 年 10 月，有 60 余家中介机构入驻并开展服务，初步形成了"天天有活动、周周有主题、月月有专题"的运行态势。仅仅 1 年内，技术交易市场就已举办各类技术交易促进活动 300 余场，参与机构有 7 536 家次，参与人数逾 1 万人次。

第三节　高校科技成果转化绩效评价

一、影响科技成果转化价值的因素

按照国家的战略部署，国家、省、市各科研部门和高校陆续成立了科技成果转化机构，并建立了成果转化机制。对于高校来说，科技成果转化具有影响因素多和转化链条长的特点，比如近年来虽然高校专利方面的授权量并不低，但专利产出的驱动因素大多是满足项目结项、职称评定和导师遴选等需要，而不是为了技术发展和满足市场需求，因此出现了专利申请和授权质量不高、转化率低、后期无维护等问题。总体来看，影响科技成果转化价值的因素大体为以下四个方面。

一是成果转化的政策引导。政策激励是成果转化最好的牵引力，尤其对于高校来说，直接影响科技成果的质量。近年来，各高校主管部门对科技成果转化十分重视，出台了一系列关于成果转化的指导意见和政策，同时要求各高校也要制定符合自己校情的成果转化激励和实施办法。由于高校独立的特性，在相关文件实施中，一般将成果转化与专利等同看待，而且尚未形成整套激励体系和认定标准,只是在职称评定、结题评审和导师遴选等事项中,对专利申请和授权的数量有所规定。这就造成了高校发明专利少且转化率低,多为实用新型等科技创新程度不高、技术成熟度低、专利群布局不完整的现状。专利技术不能和市场很好地接轨,就导致专利的市场估值较低,或是不能转化,或是在转化过程中专利主体会遇到各种法律和技术的风险。这些问题大大影响了科研人员成果转化的积极性。

二是科技成果自身的质量。科技成果的质量指的是科技成果具有一定用途且满足一定需求的特性,这是其转化为生产力的首要要求。提高科技成果的质量,就要提升其适用性、经济性和技术先进性。科技成果的研发必须顺应市场的需求,在原有成熟技术的基础上实现技术改进或突破。科技成果的成熟度对其经济性有很大的影响。因为高校本身承担着很多科学研究、教学和技术创新等多方面的职能,而高校的科技成果一般产生于成熟度较低的实验室和教室中,需要进行二次开发和多次试验才能产生可推向市场的能产生经济效益的科技成果,这样也严重影响了对科技成果的评估。科技成果的市场时效性也至关重要,新技术通常是通过继承和发展已有技术得来,但技术发展路径并不唯一,市场上会同时出现多个同类型技术,甚至会在短时间内出现新的技术突破,这些都会直接影响新技术的有效性和垄断性,进而影响其成果价值。

三是科技管理的人才队伍建设。科技管理人才队伍的建设是提高科技创新能力和科技管理水平的重要基础。科技管理方面的人员,其日常工作涉及技术咨询、项目管理、合同签订、法律事务等多个方面,需要较高的专业水平和较强的综合能力,因此要不断加强科技管理人才队伍的建设,提高科技管理人员的管理水平和综合素质,为科技创新和科技进步提供强有力的支撑,从而提升科技成果转化价值。

四是技术成果转化的收益分配问题。2016年,教育部和科技部联合发布了《关于加强高等学校科技成果转移转化工作的若干意见》(教技〔2016〕3号),文件中明确规定了高校科技成果技术转移转化的收益归学校所有,学校对参与技术转移的相关人员给予一定的奖励。高校对于技术转移转化收益的分配方式通过管理办法的方式规定了出来,保证了技术研发人员及其团队成员的利益。然而，这一文件对于从事成果转移转化管理的工作人员的贡献却没有明确的衡量标准，有可能导致相关管理人员无法享受技术转移转化带来的红利，进而影响其工作的积极性和创新性。获得经济收益是科技成果转化的目的之一，因此，加强收益分配的合理性对技术成果转化工作的顺利开展有着很大的助推作用。

二、高校科技成果转化评价体制构建

目前，在国家的要求和政策引导下，我国高校基本上构建了自己的科技成果转化体系，由于高校自身的特性，高校的科技成果一般存在技术成熟度不高、市场化不强、转化时间过长等一系列问题，最终影响科技成果转化的质量。因此，探索适合高校的科技成果转化评价机制，做到更合理、更全面地对科技成果进行分类和认定，组建专业化的管理人才队伍，以市场为主导推动高校科技成果的转化工作，对于高校科技成果转化工作是十分有益的。

一是建立市场化导向的管理机制。目前，高校科技成果转化一般是由学校科研管理部门、实验室与设备管理处和技术转移中心等中层部门协同合作管理，主要的工作目标是以完成学校日常运营工作为主，保障师生申报、授权专利和横向合同签订等事项的稳步推进。专门负责科技成果转移转化的人员较少，从事相关工作的人员一般行政事务繁杂，工作难度大。科技成果转化是一项周期长、专业化程度高、工作价值难以全面评估的工作。考虑到以上因素，高校需要建立渠道畅通的供求机制、科学的评估机制、优胜劣汰的竞争机制、利益共同体的风险机制，加强科技成果与市场需求的精准对接。首先，需要创新管理机制，坚持市场化导向的原则，建立相对独立和专业化的管理团队和部门，灵活用人制度，明确岗位职责，优化激励措施，加强顶层设计，统筹协调科研、人事、财务、资产等职能部门，形成标准化管理流程；其次，简化管理流程，发挥市场化第三方专业评估机构能力，以采购服务的形式委托其承担部分评估和转化工作；最后，加强风险管理，明确各方责任，制定切实可行的国有资产评估备案制度。市场是考验和验证科技成果转化价值的最有效场所，高校应该重视市场的导向作用，借此做好科技成果的转移转化工作。

二是组建专业化的科技成果转化人才队伍。2020年4月，中共中央、国务院印发了《关于构建更加完善的要素市场化配置体制机制的意见》，其中明确提出了要大力发展技术转移机构和技术经理人。2021年1月，中共中央办公厅和国务院办公厅联合发布了《建设高标准市场体系行动方案》，对于全面完善知识产权保护制度，发展知识、技术和数据要素市场等方面工作的推进指出了下一步行动方案，并重点提出"完善国家技术转移体系，培育发展国家技术转移机构，建立国家技术转移人才培养体系，提高技术转移人员的技术评价与筛选、知识产权运营、商业化咨询等专业服务能力"的相关要求。2021年5月28日，科技部火炬中心提出了加快构建"大纲、基地、教材、师资"四位一体的国家技术转移人才培养体系，壮大我国专业化技术转移人才队伍。《"十四五"技术要素市场专项规划》（国科发区〔2022〕263号）提出，"十三五"期间，已经建成国家技术转移人才培养基地36家，基本形成覆盖全国县级及以上地区的技术转移服务网络。

要打造一支懂科技、会交流、善服务的技术经理人团队，首先，要将技术转移人才纳入市和高校的技术带头人的人才计划中，建立专门的科技成果转移类的人才目录；其次，要大力建设推进本土本校的技术转移类人才培养培训基地及课程体系；最后，要与国外顶尖的技术转移机构建立沟通联系，合作打造国际化的技术转移平台和人才培训基地，利用国际顶尖机构的全球创新网络和资源协同进行技术转移相关项目的合作。

三是规范科技成果评价的工作流程。一个成熟的科技成果评价工作流程一般具有所在高校独有的特征以及规范化、标准化等特点，是推进科技成果转化工作的一个重要保障。首先，要从学校层面出台包含总体思路、流程管理、任务分工、协调机制的指导意见，明确各部门职责，规范成果登记、处置、收益分配等实施细则，建立可操作性强的协调沟通机制。其次，要建立科学合理的风险控制和免责机制，制定详细的转化流程、内控流程、交易处置、异议处理、免责机制等可操作细则，既要防止国有资产流失，又要鼓励管理人员大胆创新，灵活推动突破性技术产业化落地。再次，要制定科技成果市场化价值评估流程，包括第三方评估、协议定价、挂牌交易、公示等细则，要简化和固化操作流程。最后，要配套出台成果转化人事管理办法，包括兼职兼薪、离岗创业、职称评聘、岗位晋升等细则，将成果转化工作纳入评价指标，为从事成果转化的人员提供晋升通道。同时，还要根据国家最新出台的成果转化相关政策和现有政策的执行情况，适时修订和完善相关操作流程。

三、河北省高校科技成果转化的难点问题和建议举措

（一）河北省高校科技成果转化的"卡脖子"难题

1.运行机制尚未成熟，配套政策有待细化完善

一是评估体系不健全，相关政策对成果转化统筹与推进不到位。科技成果转化涉及科技、财政、投资、税收、人才、产业、金融、政府采购等诸多方面。目前，河北省针对高校缺乏一套完整的体系来评估科技成果转化的效果，对于科技成果转化的程度把控和价值衡量都相对模糊，难以对科技成果转化进行专业化的管理。

二是激励机制不合理，忽视科技成果实际应用与推广。一方面，省内多数高校更重视科技成果的学术性而非应用性。另一方面，政府缺乏相关政策推动高校将科技成果转化纳入考核奖励机制中，没有形成良好的科技成果转化氛围。以论文及科研项目为核心的晋升机制、奖励机制和考核机制很大程度上制约了科研人员对科技成果转移转化的积极性，导致科研工作重心不在实际应用上，而在成果转化前端链条上。

2.科研人员积极性不强，成果转化观念亟须转变

一是教师教学科研考核压力大，无法聚精会神搞成果转化。国内高校竞争异常激烈，高校教师不仅教学任务繁重，而且考核重心以科研为主，教师最为关注的职称晋升又与发表论文、出版著作、研究课题和获奖等"量化指标"直接挂钩，难以分出精力专注于研究成果的转化。

二是知识产权管理机制不健全，专项保护资金不足。河北省高校对知识产权管理不够重视，较少有高校建立专门的知识产权管理组织机构。河北省

仅燕山大学、河北工业大学入选 2020 年度国家知识产权试点高校。同时，河北省多数高校没有设立专项的知识产权保护资金，发明专利的申请及维护费用仍需发明人课题组或个人支付，给项目经费少的发明人带来很大的困难，影响其申请积极性，阻碍其开展知识产权转化运用的相关工作。

3. 高校内"科技中介"匮乏，校企尚未形成良性互动

一是转化经纪人队伍建设"梗阻"，复合型技术转移人才短缺。河北省除燕山大学外较少有高校注重科技成果转化经纪人队伍建设，高校尚未意识到培养的专业技术转移人才的重要性，致使高校在与企业对接过程中出现误判、信息不对称等的情况。

二是高校与企业直接对接不充分，成果辐射空间相对狭窄。河北省高校与企业尚未实现"良性互动"，产学研融合能力不强。2018 年，河北省高校和科研院所的研发经费内部支出额中来自企业资金的比例仅为 8.02%，全国排名 23。以燕山大学为例，2015 年到 2018 年燕山大学与秦皇岛、唐山、石家庄等地企业签订技术合同的金额分别为 8 868 万元、4 471 万元、1 100 万元，成果辐射空间较为狭窄，对经济的促进效应多限于周边地市。

（二）促进河北省高校科技成果转化的几点建议

1. "资金引导＋政策工具箱"并举，贯通成果转化全链条

一是贯通政策加速资金流动，多元服务强化科技金融支撑。建立科技投资基金矩阵，用好河北省科技创业投资和成果转化引导基金，发挥财政资金引导和杠杆作用，吸引海内外资本，形成科技子基金群，完善基金相关配套政策。提升科技企业融资能力，积极参与京津冀金融市场建设，支持民营银行、投资银行等面向科技企业需求开展的金融产品创新，采用知识产权质押、科技保险等融资方式，提供多层次金融产品和服务。

二是调整充实政策"工具箱"，全方位协调推进高校科技成果转化。加强河北省科技厅及学校科研处对科技成果转化政策的梳理与汇总，重点将高校科技成果转化有关税收政策、财政政策、科技成果转化容错机制等相关政策纳入"工具箱"。对大学科技园向孵化对象提供孵化服务取得的收入，免征增值税；加大人才补贴力度，给予紧缺的"高精尖"人才特殊津贴，支持其主

动参加国际交流活动；建立容错纠错机制，宽容高校科技成果转化过程中的"探索性"失误，为敢于改革创新者解除后顾之忧。通过一揽子政策措施的积极应对，统筹协调推动科技成果转化，提高高校参与成果转化积极性。

2. 弥补高校及其人才考核体系"双漏洞"，疏通成果转化思想观念

一是推动成果转化纳入高校考评体系，参照考核结果动态调整经费支持。进一步健全对高校科技成果转化活动的考核机制，把科技成果转化工作纳入高校目标绩效考评中，将考核结果作为对高校考核评价的重要指标和财政拨款的重要依据，建立科技、教育、财政等多部门联动机制，强化制度的贯通衔接，统一政策执行标准。

二是构建多元化人才考核机制，提升科技成果转化考核的占比。在高校推行全面的弹性的科研业绩考核机制和人才考核评价体系，适当延长考核周期，营造宽松的科研环境，遵循科研工作规律；弥补人才评价设计的"漏洞"，科学设定评价指标，并适当加大成果转移转化比例，促进科学研究和应用的深度融合，激发科研人员创新活力，提高科技成果质量，促进科技成果转化。

3. 撤去"专利泡沫"，把关专利质量，构建知识产权大保护格局

一是推动专利评估由数量向质量转变，加快推进科研诚信建设。一方面，鼓励高校建立以专利引用量为核心评价指标的奖励体系，同时推动专利评估由数量优先向质量领先转变，避免专利造假。建立投资人对专利技术的信心，使更多的技术创新者得到资本市场的认可，促进专利技术转移转化。另一方面，加强科研诚信道德教育，将科研诚信纳入高校日常教育内容，将违反科研诚信者纳入"黑名单"；建立终身追究制度，依法依规对严重违背科研诚信要求的行为实行终身追究，为科技成果转化"保驾护航"。

二是积极设立知识产权服务机构，完善知识产权保护体系。一方面积极引进京津两地知识产权服务机构在河北省设立分支，鼓励支持各类市场主体投资设立知识产权服务机构，尽快实现河北省各区市知识产权服务机构全覆盖。另一方面，完善知识产权仲裁、调解、公证工作机制，培育和发展仲裁等机构，构建知识产权大保护格局，不断提高科研人员知识产权保护意识。

4. 筑牢"校企合作"对接机制，打通"政产研"信息沟通渠道

一是鼓励企业在校内设立研发机构，加快科技成果"落地生根"。吸引优

秀企业主动在高校内设立研发机构，派专门技术管理人员了解校内的科研成果情况，将企业中一些技术短板和产业升级需求及时、主动与校内科研团队精准对接，促进科研成果更快地进行就地转移转化。

二是加强技术经理人队伍建设，促进校企精准对接。依托省内著名高校，通过设立国家技术转移人才培养基地和管理技术转移人才队伍的综合性平台，促进高校优秀科研成果供给与企业需求有效黏合。

三是加大校企人员技术交流，搭建科技成果转化合作平台。一方面，引导科研人员深入企业，主动、充分地了解省内主导产业以及龙头企业的技术需求，促进高校与企业精准对接。另一方面，政府要提供政策引导和资金扶持，推进国家和省级重点实验室与地方重点企业结盟，搭建校企科技成果转化合作平台，从单纯的基础研究下行找到出口。

四、高校科技成果转化评价方案实施

高校科技成果的类型大体分为应用技术类成果和技术开发及产业化类成果。

应用技术类成果主要包括知识产权、样品、应用方案和功能结论等，技术开发及产业化类成果主要指的是技术方案、部件、样机、产品等。

（一）对于评价方式，主要采取定量和定性结合的多维度方式，制定可操作的评价指标和分值

第一大类：技术团队，包括团队能力及参与度和知识产权清晰度。团队能力及参与度主要参考技术带头人能力、团队研发实力、团队在其拟创设企业中持股情况、是否以现金形式实缴出资、是否安排专职人员参与创设企业的经营等方面，总体占比15%。知识产权清晰度主要参考专利、标准、商标、出版专著、软件著作权及集成电路布图设计等范围及其所有权、依赖性、时效性等方面，总体占比10%（见表4-3-1）。

第二大类：技术水平，包括技术的创新性、成熟度和先进性三个方面。创新性考查是否在技术开发中解决关键技术难题并取得技术突破，掌握核心

技术并进行集成创新的程度，以及自主创新技术在总体技术中的比重，总体占比20%。成熟度考查的是科技成果在概念验证、小试中试及产业化各阶段中的成熟度，总体占比20%。先进性考查的是与国内外最先进技术相比其总体技术水平、主要技术指标（性能、性状、工艺参数）、经济指标（投入产出比、性能价格比、成本、规模等）、环境指标、生态指标等的差距，总体占比20%（见表4-3-1）。

第三大类：市场前景，包括产业化推广及应用前景、带动相关产业发展程度等，总体占比10%（见表4-3-1）。

第四大类：转化风险，包括技术风险、政策风险、法律风险、市场风险等影响科技成果转化的因素，总体占比5%（见表4-3-1）。

表4-3-1　可转化科技成果评价指标体系

一级指标	二级指标	具体指标说明	分值
技术团队（25分）	团队能力及参与度（15分）	团队技术带头人为市级高层次人才B类及以上、C类、D类或相当层次的人才，分别得3分、2分、1分，上限3分	3分
		团队成员中拥有从事与评价成果项目研究方向相关的硕士及以上学历人员，每1人得1分，上限3分	3分
		团队在其拟创设企业拟持股比例达到20%得3分，每增加5%得0.5分，上限4分（未成立公司的根据发展规划进行预填报，待公司成立后对持股比例进行核实）	4分
		团队在其创设企业成立1年内以现金形式出资到50万元得2分，达到100万元得3分，上限3分（未成立公司的根据发展规划进行预填报，待公司成立后对实缴出资额进行核实）	3分
		团队在其拟创设企业中安排专职人员参与公司经营，每1人得1分，上限2分（未成立公司的根据发展规划进行预填报，待公司成立后对专职人员数进行核实）	2分
	知识产权清晰度（10分）	拥有核心技术相关知识产权，根据其实用性、与核心技术关联度、数量、类型及申请进展等进行综合评分，已基本取得核心技术关键知识产权授权，得7～8分；已取得核心技术部分关键知识产权授权或核心技术关键知识产权基本已进入实质审查阶段，得4～6分；拥有的知识产权与核心技术关联程度不高或实用性不强，得0～3分	8分
		上述成果具有自主知识产权且产权关系清晰，并在成果完成单位履行必要的成果转化程序	2分

（续表）

一级指标	二级指标	具体指标说明	分值
技术水平（60分）	创新性（20分）	在总体技术中，完全自主创新，得8～10分；多项技术自主创新，得5～7分；单项技术自主创新，得0～4分	10分
		该技术创新点在国际范围内，在所有应用领域中检索不到，得8分；在国际范围内，在某个应用领域中检索不到，得8分；在国家范围内，在所有应用领域中检索不到，得5～6分；在国家范围内，在某个应用领域中检索不到，得0～4分	8分
		创设企业或团队成员参与制定相关标准，每制定1项国家、行业、省地方、市地方标准，根据其参与程度，分别得1.5～2分、1～1.5分、0.5～1分、0～0.5分，上限2分	2分
	先进性（20分）	与同领域最先进技术相比，总体技术水平和主要技术（性能、性状、工艺参数）指标状况，超过或达到，得11～12分；接近或短时间内有望实现，得8～10分；有一定差距，得0～7分	12分
		与同领域最先进技术相比，经济（投入产出比、性能价格比、成本、规模等）指标状况超过或达到，得5～6分；接近或短时间内有望实现，得3～4分；有一定差距，得0～2分	6分
		与同领域最先进技术相比，环境和生态指标状况，超过或达到，得1.5～2分；接近或短时间内有望实现，得1～1.5分；有一定差距，得0～1分	2分
	成熟度（20分）	处于产业化阶段，得16～20分；处于小试中试阶段，得9～15分；处于概念验证阶段，得0～8分	20分
市场前景（10分）	市场前景（10分）	有清晰的产业化和市场拓展规划，经评估有重大产业化价值和产业发展带动作用，市场容量巨大，规模化生产和常态化应用前景较为广阔，已建立稳定的业务渠道，已有合作的客户资源，得8～10分	10分
		有较为清晰的产业化和市场拓展规划，经评估有较好的产业化价值和产业发展带动作用，市场容量较大，规模化生产和常态化应用前景可预期，已建立较为稳定的业务渠道，有正在对接的意向客户资源，得5～7分	
		产业化和市场拓展规划暂不清晰，经评估有一定的产业化价值和产业发展带动作用，暂无稳定的业务渠道和意向客户资源，规模化生产和常态化应用前景尚不明朗，得0～4分	
转化风险（5分）	转化风险（5分）	项目是否存在重大技术风险、政策风险、法律风险、市场风险等影响科技成果转化的因素，存在1项明显风险点扣1分，上限5分	5分

注：评价指标体系根据评价办法执行情况动态调整。

（二）在建立评价方案的基础上，还应进一步完善高校科技成果转化的体制机制，加快成果"三就地"，推动科技成果真正转化成为服务地方经济社会发展的现实动力

一是建立等级评价机制。根据可转化科技成果的各项指标评价情况，制定相应的评价等级。依据可转化科技成果评分，分为"A 级""B 级"和"C 级"。分值达到 90 分（含）以上的评定为"A 级"，80 分（含）～ 90 分的评定为"B 级"，80 分以下的评定为"C 级"。

二是建立高校群体可转化科技成果库。根据可转化科技成果评价结果，将获得"B 级"及以上的可转化科技成果纳入高校所在省市的可转化科技成果库。在申报市级高层次人才团队项目及其他科技创新政策时，优先给予支持；同时作为省市种子基金、天使基金、专项基金等科技成果转化基金的优先支持项目。

三是建立动态管理机制。对可转化科技成果评价结果和可转化科技成果库实行动态管理，可转化科技成果评价结果非长期特定化，可根据成果转化进展情况，适时开展评价工作。根据可转化科技成果评价结果，动态更新可转化科技成果库。

第五章
面向2035年的"双一流"建设

第一节 "双一流"建设的突破与创新

20世纪90年代，国家为发展高等教育，缩小与世界教育强国之间的差距，集中国家优势资源，决定率先培养一批高校，提升其综合实力和国际影响力，推出了"211工程"和"985工程"。这两个重点工程在很长的一个阶段内，对我国高等教育整体水平的提升以及经济社会的快速发展发挥了重要的作用。但随着实现"两个一百年"奋斗目标的提出，为了适应新时代的新要求，国家的着眼点有所调整，开始侧重于高等教育的内涵式发展和国际竞争力的提升，以解决我国高等教育"大而不强"的阶段性矛盾。因此，必须对高等教育资源的配置方式和激励政策都作出重大的战略调整。

"双一流"建设应运而生，成为实现高等教育支撑国家创新战略，解决人才战略能力释放不足的战略决策。"双一流"建设要解决的是高等教育规模扩张带来的无序增长、高校重点建设政策带来的制度压力、现代科技创新要求的高校组织结构变革以及建设高等教育强国的中国道路的探索的一系列问题。

一、"双一流"建设面对的风险与挑战

（一）效率至上的学科布局调整

"双一流"建设非常重视学科发展，秉持的也是扶强扶特的基本原则，高校必然会按照建设标准对学科布局进行调整。优先发展的学科一般指的是需求较高、质量较高、短期内能够为高校带来较明显收益的应用型学科，一些非核心的、应用性不强、社会需求不高的人文社会科学类学科就会难逃被裁撤的命运。高校这种基于评价体系导向，在经济理性主义驱使下的学科布局调整，必然会导致优势学科与非核心学科之间的资源差距进一步扩大，富者愈富，穷者愈穷。虽然近年来高校的学科结构逐步向应用型转型，但高校作为传递普遍知识的重要阵地，向着综合性大学的方向发展，对实用和应用学科的过度强调，会带来人才培养结构的失衡。因此，"双一流"建设所倡导的学科布局调整不能为了追求短期内的经济社会效益，而牺牲人才培养的全面性。

（二）"学科情结"的掣肘

学科是知识的一种分类体系，"双一流"建设十分重视学科建设，期望在高校分门别类传递和创新知识中进一步增强学科意识，促进学科的发展。近年来，高校和二级院系的学科意识有了很大的增强，一方面更加重视学科发展，另一方面致力于学科资源和发展机遇的争夺。然而，这样反倒阻碍了"双一流"建设的发展。学科建设的本质是以动态开放的视角审视学科的发展，以知识的传递与创新为核心推进学科的发展，真正的学科的增长点是在跨学科和交叉学科领域，之前固有学科的壁垒制约着学科的交叉和融合。

（三）大学与学科评价工具的不恰当使用

大学评价和学科评价是推进"双一流"建设的重要抓手，以评促建，对标遴选标准和评价方式，一直以来都是促进高校发展的动力。虽然国际上通用的大学和学科评价体系也在努力尝试"破五唯"，但仍具有一定的局限性，

未能考虑评价工具的文化适用性，对于科研"GDP"的追求超过了对人才培养质量的关注，仍然聚焦在科研论文和获奖指标上。"双一流"建设的总体标准是"中国特色、世界一流"，在追求世界一流水平的过程中，不能失去中国特色。因此，在构建"双一流"建设评价体系的过程中，既要关注评价的共性，又要关注评价的适用性，才能实现以评价为工具推动大学和学科发展水平的快速提升。

（四）人文社会科学发展的困境

"双一流"建设的导向是引导大学和学科参与国际竞争，增强自身的国际竞争力，因此国际化程度更高的理工农医类自然科学学科则被置于更高的地位中，入选比例是人文社会科学学科的1.5倍。比如在自然科学中，工科入选的高校数量最多，高达41%，共计184所；理科高校占比23%，共计103所；理工科合计占比64%。当然，理工科的学术水平较容易被量化，也更适应我国制造业发展和创新驱动发展战略，并且可以较快地转化为生产力，因此更被重视。但随着我国国际地位的提升以及新时代主要矛盾的变化，构建中国特色哲学社会科学的重要性得到了进一步的提高。因此，"双一流"建设也需要关注中国特色的人文社会学科体系，形成对人文社会学科发展水平的评价体系，推动高校学科水平的整体提升。

二、"双一流"建设需要的支撑体系

要想实现"双一流"的建设目标，必须关注质量和效益，不能重复之前高投入、低产出的规模型发展路径。因此，"双一流"建设作为提升大学办学水平的系统性工程，不仅要追求表层的发展，而且要探索和关注实现发展的制度和支撑体系，从根本上重建有利于实现"双一流"建设目标的良好的高校生态环境。

（一）国家人才战略

"二战"前后，美国从国家层面制定了一系列人才战略，将德国等国家的尖端科技人才吸纳进来，这为后期美国建成世界一流国家发挥了关键的作用。由此可见，国际尖端人才的移动，必将带来世界科技中心和高等教育中心的转移。在"双一流"建设中，不仅仅需要高校层面积极引进国际化的高层次人才，更关键的是需要政府层面从国家利益出发，有组织地实施国家人才战略，从国际人才资源市场中抢夺尖端人才。一方面，国家应增强战略意识，利用参与全球治理的重大机遇，从更大的范围中遴选和引进高科技人才，为高校学科建设提供强有力的人才支撑；另一方面，国内高校的人才流动要避免恶性竞争，破坏高校的人才生态环境，既要促进合理的人才流动，也要避免学科间的"近亲繁殖"给学科发展带来的不利影响。

（二）大学治理体系

"双一流"建设对高校的治理能力和治理体系现代化提出了更高的要求，它需要高校确立自己的院校使命、学科布局以及学科发展方向，这就要求高校自身要具有明确的目标和定位，有能力组建适应学科发展的制度结构，使大学章程化，为推进教育治理体系现代化作出有益的尝试。从国内外大学的发展趋势来看，公立大学往往由于院校使命和经费来源较为单一，在学科布局调整、前沿知识发展和获取科研资助方面反应比较迟钝，对于大学和学科发展的许多良好机遇未能第一时间抓住。一些自主性较强的大学恰恰相反，迫于生存压力，它们积极适应市场环境和学科发展的趋势，可以第一时间抓住机遇在短期内实现了跨越式发展，迈入世界一流的行列。先进的大学治理体系对于保持大学的学术发展水平和在激烈的国际竞争中争取领先地位起着重要的作用。

（三）政策工具运用

评价和资助是有助于推进"双一流"建设的关键政策工具，良好合理的评价体系可以引导高校在关键领域和关键环节快速实现突破，提升大学和学科的发展水平。不完善的评价体系则会起到不正确的引导作用，造成高校一味追求数据和指标，破坏大学和学科发展的生态。评价作为一个强有力的指挥棒，在直接影响绩效的政策框架下，对大学和学科的发展势必会产生重大的影响。因此，找到适合自己发展的评价工具和政策工具，认清每一种评价体系背后的逻辑，以评价促发展，及时对评价指标体系作出调整，同时注重评价的过程性作用非常重要。在"双一流"建设的财政支撑体系中，既要发挥财政的激励和导向作用，也要多方面地拓宽高校的经费渠道，不让高校和学科的发展受制于政府的财政资助政策。

第二节 "双一流"建设的重点和难点

一、"双一流"建设的重点领域

通过对国内外知名高校的分析研究得出，世界一流大学的形成都具有敏感性的影响因子，虽然这些敏感因子在不同的发展阶段有不同的表现。而学科布局战略、一流人才战略和组织变革战略则是这些敏感因子共性的体现。

（一）学科布局战略

虽然大学是探究普遍知识的场所，且现在很多高校也在朝着"综合性大学"的目标迈进，但即使最优秀的大学也不可能做到所有学科齐头并进，均衡发展。在建设世界一流大学的过程中，比较恰当的路径就是选取与国家和地区经济社会发展关系密切的领域，重点建设世界一流的系科、研究所或学院。一所大学的学科布局也是这所大学价值选择的最好体现，是影响大学竞争力的主要因素。

一是政府的有效干预。20世纪以来，政府通过法律和经费两种方式，对一流大学和一流学科的干预越来越大，成为影响建设成效的关键因素。加州大学伯克利分校作为一所公立研究型大学，其工程学院要服务于本州的发展，因而将学科方向聚焦于土木工程；美国联邦政府特别是国防部，通过资助大学的科研项目，在大学设立实验室，投入大笔科研经费，对学科的布局产生了巨大的影响。但政府的干预犹如一把双刃剑，一方面可以促进大学的快速发展，另一方面也会削弱大学的自主性。当外部的干预力量过于强大时，大学就会偏离自己的本质和使命。因此，政府对大学和学科建设的干预，需要处理好直接干预和间接干预的关系以及短期需要和长远利益的关系，不能越俎代庖，使大学丧失其应有的独立精神和引领作用。国家应该为大学提供充足的资源和有利于其发展的政策，提供适宜的环境，培育更多世界一流大学和一流学科。

二是学术企业家的关键引领。大学的学科布局反映出了学术管理者的战略选择，是学术管理者对知识发展趋势的判断以及相应学科制度的安排。例如成就哈佛大学的历届优秀校长。具有企业精神的学术管理者，我们可以称之为"学术企业家"，其"学术企业家精神"不仅仅体现在学术知识商业化上，还体现在资源的获取和合法化过程中。学术企业家既需要跳出现有的学科框架，建立和管理复杂且多样化的科研团队，获取必要的资源支持新学科研究，使得新学科在学术领域具有必要的合法性。这是一种制度变革和学术创新的行为，它会促进新的学科的诞生以及新的学科布局的形成。对于大学的学术管理者而言，强大的社会网格关系既可以使他们始终处于学科知识发展的前沿，还可以吸引到一流的学者，为大学和学科的飞跃创造了必要的条件。他们一般具有高学历、多元的知识结构和教育背景、名校就读的经历和先进的教育理念，能够通过大学改革拓展人们对大学的认识，引领大学的发展。在我国"双一流"建设的过程中，大学校长和学术管理者还需进一步加强专业能力，积累和形成大学特有的办学理念和思想，从战略上确定大学和学科的发展方向。

三是学科群的系统构建。大学的学术不仅仅包含研究，它是一个探究的学术、整合的学术、应用的学术和教学的学术的有机整体。"整合的学术"指的就是从不同学科和广泛的知识背景出发，在知识和范式之间建立联系，同时打破原有知识体系的僵化分割，为新学科的成长提供空间，也就是目前比较推行的学科交叉融合和跨学科研究。比较著名的就是芝加哥大学的经济学，它交叉融合了社会学、政治学、教育学和法学等学科，开创了行为经济学、公共选择理论和产权经济学等前沿研究领域。

一流大学的学科布局和学科特色的形成都是以核心学科和特色学科为主，

不断交叉和开拓出新的学科领域。麻省理工学院以工科著名，但它的自然、社会和人文学科的实力也不弱，经济学、语言学世界闻名。从一流大学的学科布局调整脉络来看，它们或者以人文学科为基础，不断拓展到理工科；或者以工科和应用性学科为主，不断培育基础性的理科和人文社会学科。唯有建设好学科群，才能使优势学科占据世界的前沿。因此，一流大学和一流学科建设既要突破学科制度的束缚创造新的知识，又要被迫按照现有的学科组织形式进行知识生产。要想冲破现有的制度困境，为跨学科的研究学习提供充足的制度空间，就要在传统的院系之外，建立一些研究中心、研究所、实验室等研究机构，作为跨学科研究的平台。这些研究机构连接了外部的科研需求和内部的科研能力，能够获取政府和企业的经费支持，通过以问题为导向的跨学科研究和生产创造出新的知识，形成新的学科分支和研究方向，从而保持学科发展的前沿水平。一流大学优势学科群的形成需要协调好学科群与外部环境的关系，以及学科群内部各学科之间的关系，而大学与所在城市的互动是形成特色学科和优势学科群的重要影响因素。对大学而言，所在地区的经济社会发展需求既是一种挑战，又是一种机遇，组织与环境之间的良性互动可以为大学优势学科群的形成创造条件。

（二）一流人才战略

高校教师对于学科的归属感和忠诚度一般要远远高于对高校本身的忠诚，再加上教师具有的知识储备、教学技能和科研能力在不同高校都可以适用，因而高校教师的流动较为频繁。一流的学者是稀缺资源，必然会带来学术劳动力市场的竞争，虽然高校教师的流动具有一定的必然性和合理性，但引导人才流动的应该是高校的学术声誉体系，而不是地理位置和工资待遇。如果一些高校以"高待遇"为诱饵抢夺人才，对于高校和人才的发展都是没有益处的。

一是一流人才的选聘。选聘标准的制定，要从注重前期头衔的取得向着注重具有求异思维、独立思想的潜力转移。大学和大师从来都是相互成就的，既要发挥学者的潜力，成就一流学科；又要通过一流学科的形成，成就学者的声誉和影响力。比如美国芝加哥大学，在社会学系招聘人才时，霍普金斯大学两位著名教授并未入选,而是选择了当时名望并不突出的斯莫尔担任系主任,斯莫尔在社会学基础研究方面的潜力使得芝加哥大学社会学系的实力迅速提升,形成了著名的"芝加哥学派"。人才选聘中,容易存在的误区就是"异质比选",在不同领域的教师中遴选推荐。然而,建设世界一流大学和一流学科需要的是"同类顶尖",应将视线放到全球的绝对卓越水平,而不是相对卓越程度,来依据教师在世界范围内的专业水平来确定他们的工资待遇。从这一意义上来说,私立大学通常具有制度上的优势,可以自主决定人才工资待遇的水平,更容易招聘到知名顶尖人才。

有了选聘标准和参照体系,下一步考虑的就是应聘者是否能和高校院系已有的和准备建设的研究方向相匹配、相融合,实现从学科完备到学科聚焦的过渡。大学的招聘模式倾向于相似性吸引,在缺乏参照条件的情况下,教师们总喜欢招聘那些在学术背景上和自己相似的新人。有鉴于此,院系领导的作用之一就是修正学术群体可能发生的决策偏差,在众多优秀的候选人中选出最符合学校和院系利益的、可产生学术群聚效应的人。[1]在"双一流"建设中,人才的招聘既不能全面开花,平均受力,又不能受制于偏狭的学科逻辑,其核心在于通过学术人员的聚合效应实现学科在特定方向的突破。

二是一流人才的留任。詹姆斯·杜德斯(James Duderstadt)指出:"一流大学,除了花大量时间为自己招聘杰出教师之外,还要阻挡其他大学挖走自己的优秀教师。"[2]教师离职或留任的决定通常受到了结构因素、环境因素等的影响,其中,结构因素包括教师的自主性、同事间的沟通、分配的公正性、角色的冲突以及工作负担,而环境因素包括其他工作的机会和家庭负担。世界一流大学往往从改善一流人才最直接的工作条件出发,保障他们的学术自由,减少他们在教学、科研和服务之间的角色冲突,增强他们的组织归属和认同感,留住大批的优秀人才。对于高校教师来说,大学在多大程度上满足了他们的专业需求和职业目标,他们就会在多大程度上形成对大学的组织承诺,组织承诺则包括接受组织的目标和价值观、愿意为组织工作和希望保持

① 沈红,王建慧. 一流大学教师队伍建设的院系责任:基于四所世界一流大学的实地调研 [J]. 教育研究,2017(11):130-139.
② 詹姆斯·杜德斯. 21世纪的大学 [M]. 刘彤,等译. 北京:北京大学出版社,2005:124.

组织成员的身份。英美一流大学不仅重视选聘一流人才，而且特别重视教师的发展。斯坦福大学的教师培养涉及学校所有管理部门，还设立了专门机构负责教师专业发展，以项目驱动的方式来推进教师专业发展。剑桥大学在大学董事会、理事会及大学教师发展委员会的指导和监督下，依托教师个人与发展中心建构了完善的教师发展体系。[①]

大学能在多大程度上成就教师的发展，这是教师选择大学的关键标准，大学和研究机构的声誉、人才、学科和资源为教师创造有利的条件，让教师借助组织的优势，争取论文、科研经费和奖励等学术产出，获得社会认可和国际声誉，这就是一流大学教师的组织认同。一流大学、一流学科和一流教师是相辅相成的，他们的良性互动促进了每一方的发展。

三是一流人才的使用。聘用和留任一流人才的目的是在"双一流"建设中最大程度地发挥他们的作用。"双一流"建设是一个动态的过程，大学和学科的声誉是伴随着教师获得社会认可的过程而同步提升的，一流教师是一流大学和一流学科的前提和基础。学术领导如何将一个个独立的学者个体转变为具有共同目标的团体，通常第一步是要确立院系的共同目标和战略重点，这就取决于学术领导的愿景目标规划能力。

教师和学者实质上应为两种不同的职业角色，菲尔德曼通过对 200 项研究的综述进行分析发现，教师的教学能力和科研能力之间的总体相关系数只有 0.12，而绝大多数教师也很难做到在科研和教学中都表现出色。将一流人才人尽其用，分类管理是不可或缺的一步，主要包含教学型人才、科研型人才以及近年来涌现出来的社会服务型人才等 3 类，让每位教师都最大限度地发挥自己的优势和特长，发挥集聚效应，从整体上提升大学和学院、学科的生产率，是大学充分利用人才资源的重要举措。同时，教师队伍的多样化也有助于形成新的知识领域、形式和构架，促进知识创新。这既是对学术卓越的考虑，也是社会发展的必然。随着高等教育的普及，学生的构成也愈加多样化，一流大学应该为学生提供多样化的教师队伍，为他们提供倡导公平的价值观，引导他们成为多样化社会中不同观点的协调者。以美国为例，在

[①] 李曼丽，李明.英美两国一流大学教师资源的开发与留任机制探微：基于英美 10 所世界一流大学的案例分析 [J].清华大学教育研究，2017（6）：59-66.

2013—2021 年，四年制大学中的全职教师人数增加了 29.8%，外籍教师的人数增长速度更快，增长率高达 110%，在一些国际化程度更高的学科，教师队伍的国际化构成愈加呈现出多样化。

（三）组织变革战略

在全球竞争加剧和世界大学排名的现实压力下，如何在借鉴顶尖大学制度和兼顾自身文化传统、政治经济背景等因素的基础上，通过创造性地重新解释和价值过滤，分析组织需求和环境压力，形成自己独特的大学思想和办学理念，建设真正的哲学层次的世界一流大学，是我们现阶段亟待解决的问题。

一是要掌握好外部力量的力度与限度。从本质上说，大学与政府、企业和社会组织之间是一种资源的交换，有着不同的利益诉求，它们通常会有选择地接受外部力量的加入，在满足外部需求和保持自身独立之间达到很好的平衡。英国哲学家波兰尼则是将科学自由定义为"纯科学"，也就是我们所说的基础研究，与之相对的就是服务地方经济社会发展的应用研究。大学作为一种资源依赖性组织，虽然在学校和学科建设成本和资源方面的需求非常高，但不能完全将"纯科学"转为应用研究。斯坦福大学就曾单方面解除过一个合同，放弃建立一所容纳 500 个床位的医院的计划。在学校发展和学科建设上，大学要始终保持自身的主导权，防止外部力量的过度干预。

二是建立多样且整合的组织结构。学术知识和学科知识的双向强化，带来了学科广度和深度的不断增加，也造成了大学组织结构的分化和科层制的强化。"机械整合"的组织显然不利于学术知识的重大发现，建立多样且整合的组织结构则能改变研究者看待问题的方式，促使他们关注切实可行的社会重大问题。以美国的洛克菲勒大学为例，作为拥有最多世界生物医学领域诺贝尔奖获得者的大学，其从创立起，就聚焦生物学科，同时强调多样化，为不同国家、不同文化和不同学科背景的人才进行学术交流创造条件。而且洛克菲勒大学不设学系，通过实验室和临床医学促进学术共同体的日常交流，这种学术整合是其取得众多重大发展的关键。

三是做好转型和创新，实现从线性增长到非线性的突破。萨尔米（Salmi）认为，建设世界一流大学可通过升级现有院校、合并现有院校和创立全新院校等路径来实现。随着知识和社会变革速度的加快,世界一流大学和一流学科建设已不再是一个线性的过程,依靠资本和人才的累积性线性发展逐步让位于非线性的突破性发展。在"双一流"建设过程中,学术企业家和学科布局等敏感因子会对发展产生决定性影响,从而使建设过程呈现出非线性的特征。

从一流大学内部来看,通常保留了学科和跨学科的学术组织形式,前者强调知识的分类和制度化,后者强调问题导向和知识创新。解决教学和科研之间矛盾的一个有效措施就是建立独立的有组织的科研机构,也就是一流大学间的"第三空间"。在这种主体性高度彰显,学科和跨学科汇集一起的空间中,知识创新最为活跃。对于"双一流"建设而言,知识生产的这种边缘性和开放性有效地促进了高深的专门知识的发展,也更好地适应了知识生产方式的转型。著名的布劳德研究所就是"第三空间"的一个成功典型,它源于麻省理工学院和哈佛大学 10 年的科研合作,麻省理工的怀特海基因研究所与哈佛化学和细胞生物学研究所中的科学家出于共同的学术兴趣,利用各自的优势开展合作,实现了边界的跨越和整合。自 2004 年布劳德研究所成立后,11 名核心专家和 195 名助理就共同致力于癌症和人类疾病的基因学研究,保持了学科和知识边界的开放性。

四是推进大学国际化,实现从海外分校到全球小区的发展,将市场和学术结合起来。国际化是研究型大学的重要战略,在海外建立国际分校不仅可以抢占国际市场,获得更多的收入,而且可以提升大学的国际知名度和影响力。20 世纪 80 年代,英、美、澳等国的一些研究型大学由于政府财政拨款的减少,开始在海外建立国际分校,这种国际化是在学术资本主义和学术管理主义影响下的一种扩张行为。2018 年 5 月,华南理工大学广州国际校区正式启动建设,采用"中方为主,国际协同"的新机制,实现了与剑桥大学、哈佛大学、南洋理工大学等近 20 所世界一流院校的强强合作。该校区将围绕高端装备制造、量子通信、脑科学与人工智能等 10 个新兴学科和交叉学科领域,开展拔尖创新人才培养、国际前沿科学研究和高水平科技成果转化等,努力办成与国(境)外多所著名高校合作的,国内顶尖、国际一流的国际化示范校区。①国际化是"双一流"建设的一个重要维度，但国际化不能单纯地以学术资本主义来驱动，而是需要重视内涵式范式，转向一流前沿知识生成以及学术自由的制度建设，使国际化回归学术本位。

二、"双一流"建设的难点领域

经过"985 工程""211 工程"以及相关建设项目的推动，中国高等教育的人才队伍建设、考评机制和特色学科建设等重点工作取得了一定的进展，同时也存在着学科布局与国家战略的契合度不够紧密，部分学科教师队伍结构不够合理，人才培育的国际化程度不够高，科研的引领性不够强，成果转化率不高，学校制度和治理体系还不够完善，办学资源紧张，资源配置方式有待优化等众多具体的难题。在破解中国"双一流"建设道路的难题时，很难做到面面俱到，因此要找到关键点。在推进"双一流"建设的中国特色道路上，如何从模仿式创新向引领式创新转型是核心任务。以此为着眼点，"双一流"建设的难点主要集中在缺乏高端人才，顶尖、杰出、领军人才是制约引领式创新的首要因素。高端尤其是顶尖人才的供给已经进入了高原期，而能够撬动教学和社会化服务的学科生态群落还远未成熟，在政府、高校和社会之间找到"双一流"建设推动机制的合适制衡点，也是困难重重。

（一）人才供给难

随着中国经济实力的整体提升，社会各领域展现出了长足的发展潜力，海外留学人员和外籍人士在多种人才引进政策的影响下，在中国从事高校工作的热情逐步增强。2008—2020 年，涌现出了潘建伟、施一公、饶毅、陈十一、李东升、陈清焰等一批卓有影响的科学家。根据英国《自然》杂志增刊发布的《2020 中国自然指数》显示，根据加权分数式计量（WFC），中国高质量的科研产出在近三年增长了 37%。但我们仍应看到，我国的人才队伍大而不强，依然面临着世界级科技大师和领军人才稀缺的现实，呈现出了人

---

① 董洪亮. 扎根中国大地，办好大学国际校区（前沿访谈）[N]. 人民日报，2018-05-17（18）.

才数量增长快而人才质量提升慢，人才素质变化快而人才结构优化慢，人才投入增加快而人才成果转化慢等不足。

一是国际高端人才"山多峰少"。国际科技大师、顶尖学者和领军人物还非常少，同时，青年学术人才群体中能力卓著的比例偏低，外籍学术人才进入中国高校工作的比例也非常低。

制约国际高端人才质性聚变的瓶颈是国家顶层设计和高校基层措施难以批量吸引国际顶尖人才。如何构建吸引国外高端人才的全局性协作共同体，有两个难点亟待解决：首先是国家顶层设计主导国际高端人才参与区域共事的能力不足，主要是因为区域共事平台缺乏促进高端人才合作研究的主导能力，对高端人才引进的政策缺乏整体统筹。其次是高校构建的产学研中心对国际高端人才的吸引力明显不足。造成这种情况的原因是"准赛场驱动"机制导致高校难以联合共享高端人才，且高端人才的培养、储备和引进难以做到一体化，尤其是西部和东北地区大学高端人才产生集聚效应的难度逐步增大了，而泛在大学背景下的高端人才观还远未形成。

二是青年拔尖人才原创不足。"双一流"要实现高端人才聚集效应，就必须考虑到年龄问题，即能否在恰当的年龄段上产出更多更高的研究成果，相关制度的设计和制定也应该和年龄阶段的产出方式匹配起来。

首先，通过关注拔尖人才年龄与创新力的关系发现，自然科学领域，大多数科学家的科学创造力高峰是在其年轻时代达到的，超过 80% 的化学家和大约 2/3 的物理学家、生理学家和医学家在 35 岁之前就开始了其诺贝尔奖的相关工作；社科研究领域，产出量最高的年龄段是 40 ～ 44 岁。从上述研究结论来看，在自然科学领域，青年时期是学者产出重量级成果的峰值阶段；而在人文社会科学领域，学者重量级成果的产出年龄比自然科学领域晚一段时间。也就是说，越能采用自然科学研究方式的学科，重量级成果的产出年龄就越小；而需要人生体验和经验积累的学科，重量级成果的产出年龄就相对越大。但一般来讲，55 岁以后，产出重量级成果的概率就会大大降低。由此得知，"双一流"建设需要将人才培育的重点放在有发展潜力的优质青年学者身上，比如日本的教育战略计划（center of excellence project，简称 COE 计划）的重心就是培养青年拔尖人才。

其次，青年拔尖人才成长所需的科学家精神引领发挥作用不足。目前，国内外采用较多的针对青年拔尖人才的考核制度是"非升即走"，虽然对于中低层面的人才确实有一定的督促作用，但对于杰出拔尖型的青年学者来说并不适用。"双一流"建设中最需要解决的难点之一，就是能否将国内外引进的青年拔尖人才塑造成具有"引领式"创新能力的杰出人才。从精神层面来讲，宣扬科学家精神，鼓励青年拔尖人才争做重大科研成果的创造者、建设科技强国的奉献者、崇高思想品格的践行者、良好社会风尚的引领者，不断向科学技术广度和深度进军。从科研传承层面来讲，高校搭建青年拔尖人才与科学家沟通的平台，通过项目研究建立联系，完成青年拔尖人才自我科研价值的实现。

（二）学科跃升难

在国内高校公布的"双一流"建设规划方案中，有关学科的规划是最为重要的一个部分，且有一个共同的特点，即重视交叉性的学科群或者学科领域建设，或者说是重视打造具有特色的学科生态群落。而高校是否能在"双一流"建设工程中规划并实现预期目标，有以下两个难点。

一是学科集群从孤立状态过渡到系统搭配状态的难度较大。高校学科集群的构建是区域内所有高校中若干个相关学科和院校围绕某一共同的研究主题，交叉融合，信息共享，相互协同合作而形成的一个学科共同体。学科集群的创新能力能否提升，主要在于高校学科之间的协同机制是否完善，相互之间的协同合作是否协调。

首先，在新兴学科群或交叉学科内难以实现开放性的系统搭配。每一个学科只有开放自己，跨越自己的学科界限进入目前尚未标界的领域，才能求得创新发展。一方面，可以逐步打破学科壁垒，综合设置学科；另一方面，可以建立一些面向实际问题和以功能为中心的课题组、研究所、实验室及研究中心，增强学科间的开放性。除了瞄准学科前沿，更应对准国家产业发展转型需求，对准人类社会未来发展趋向，形成能够引领世界发展和提升中国发展水平的交叉学科群。以中国临床医学学科的发展为例，中国的优势学科集中在机械工程、化学工程、土木工程等领域，临床医学如果想得到突破性的进展，需要推动生命科学、基础医学和临床医学的结合，把生命科学的新发现、新技术更加直接有效地转化为临床医学与药学，同时，还可以推动医学和理工、人文学科的交叉与合作。

其次，在人文社会学科与自然学科之间难以实现系统搭配。麻省理工学院校长查理斯·维斯特曾说过，麻省理工学院的系科规划不仅要在数学、物理和生命科学之间达成平衡，也要在人文、艺术和社会科学之间达成平衡。同时，麻省理工学院能够为人文学科与工程学科的互惠提供非同寻常的契机。[①]受学科发展评价指标和方式等因素影响，人文社会科学在国内一流大学，尤其是综合性大学中的发展并不是很顺畅；而且人文社会科学与自然科学学科之间的系统搭配程度和融合程度还不是很好，与世界一流大学的办学格局还有一定的差距。

从各高校的"双一流"建设方案来看，虽然都提及了文理交叉的建设动机，但是，在学科规划方面，还远远没有落实下去。究其原因，各高校纠结的是学科之间应该如何相互进行知识上的搭配，遵循着相对严格的知识逻辑界限，而没有从高端人才培养、重点平台建设、重大项目突破等方面进行有机整合。

最后，在区域协同发展中难以实现学科的系统搭配。作为具有生命体性质特征的系统，学科要持续、健康发展，必须求得外在适应与内在适应的有机统一。历史与现实都昭示，世界一流大学无一不是社会发展需要的产物，欧洲古典大学、英式大学、德国模式大学如此，美国模式大学更是如此。[②]在国内各顶尖高校推出的"双一流"建设方案中，几乎都存在一个问题，那就是与区域社会协同发展的意识还严重不足，视野仅仅局限在学校如何引来一流师资和构建一流学科布局，把一流学科发展必须依托的社会协同发展放逐到了边缘地带。

对于国内顶尖大学而言，需要发挥优势，通过协同创建大型高科技聚居地带的方式，推进世界范围内的区域协同发展；对于处于偏远地区的"双一

① 查理斯·维斯特. 一流大学 卓越校长：麻省理工学院与研究型大学的作用 [M]. 蓝劲松，主译. 北京：北京大学出版社，2008：11.
② 陈治亚. 行业特色型高校如何创建世界一流 [N]. 人民日报，2016-05-12（18）.

流"高校而言，则需要强化区位优势，推进区域协作平台建设。然而，在实际发展过程中，一方面，中国至今缺乏像美国硅谷、日本筑波大学城这样高校与企业高度融合的高新合作园区，在缺乏有效合作与科技成果转化的背景下，有可能陷入只追求论文数量而后续发展乏力的困局。另一方面，处于偏远地区的部分高校，缺乏能够在区域发展中发挥引领作用的学科。

二是学科与教学和社会服务之间的相互转化不畅通。现代大学的基本职能是教学、科研和社会服务，学科发展更加注重知识生产的逻辑，教学工作应该注重育人逻辑，社会服务应该注重市场转化逻辑。如何实现用知识生产的逻辑有效撬动育人逻辑和市场转换逻辑，打通它们之间相互转化的渠道是难点。

首先，是在制度落实层面难以理顺知识生产和人才培养之间的逻辑关系。当前，高校在整个社会运转中所承担的任务已经发生了很大变化，政府将一部分科学研究的任务委托给高校，然后通过行政命令和市场购买等方式获取国家发展所需的科研成果。因此，高校就会把关注点放在为科研工作能作出突出贡献的人群中，却未对人才培养和学科建设之间的融通做好制度设计，造成知识生产逻辑和人才培养逻辑之间的冲突。

一方面，难以确定人才培养统筹权的恰当位置，应该坚持"又见树木又见森林"的原则，采用"大学统筹＋学院主干"的方式；另一方面，对高校人才培养考评的期限难以与干部任免机制协调起来。人才培养具有长期性、延时性的特点，如何确定考评周期的长度，并将人才培养的考评与干部任免、科研运行的相关机制统一起来是难点。再一方面，能培养出一流人才的名师还很少。一流科研工作者可能并不是一流的教育工作者，前者具有比较强的线性思维，而后者则更具有非线性思维，艺术性更强，找到他们之间的连接点，实现统一是一个亟待解决的问题。

其次，缺乏破除学科发展与社会服务错位的有效措施。在"双一流"建设中，学科所产出的知识如何由资源转化为资本，并最终与社会生产力发展结合起来，考验的正是一流大学或一流学科的社会服务能力。没有一流的知识生产，就很难有一流的社会服务；拥有一流的知识生产，其价值最终要通过社会服务体现出来，社会服务能力是知识生产能力的试金石。因此，知识生产的逻辑必须与市场转化的逻辑统一起来，这也是"双一流"建设的内在要求。

目前，我国大多数高校的学科发展与社会服务之间存在深度裂痕，导致科研机构科技成果转化率低，科研成果的社会实际影响力小，国际影响力更小，与社会需要的结合度相对较弱。

学科发展与社会服务逻辑错位的主要原因是国家顶层制度设计尚处于起步阶段，政策落实能力有限，产权制度的法治化还不健全，专门的运营机构建设还不完善。高校的社会服务管理机构的具体工作主要依赖于学科平台，难以适应灵活多变的市场需求，其社会服务职能也没有完全理顺，机构条块分割严重，阻碍了科技成果转化项目的协调运转。

（三）推进机制难

与"985 工程""211 工程"大学的推进相比，"双一流"建设的推进机制体现出了新的特点：推进机制定位——世界一流与中国特色共融，追赶先进与自信建设并举；推进机制价值追求——效率优先，兼顾公平，重过程不重地位，重内涵不重形式；推进机制动力结构——国家干预，大学办学，专家认同，社会考评，分立驱动，四位一体，更加凸显政府导向而非控制的国家发展战略，强化大学办学主体地位，明确专家评价与社会考评相互分离但又相互支撑的互动关系；推进机制动力传输系统——引入竞争机制，实行动态淘汰，绩效成为撬动一流的杠杆；推动机制关键着力点——一流大学与一流学科分类共存，为特色学科发展提供成长环境，学科建设成为核心支点。当政府规划能力越来越难以应对全球创新的各种挑战时，如何发挥各种推进力量的优势，并寻求到各种力量之间的制衡点，是"双一流"建设的关键难点之一。

1. 政府的制度供给不足

中国顶尖高等教育建设领域一直以来是以政府作为关键力量来设计重点大学的建设，这就容易产生对基层需求动力的关注不足，产生无法调动基层积极性的结构性障碍。近年来，国家出台了关于产教融合、科研成果转让股权分配等一系列文件，力图打破大学、学科与市场之间的壁垒，利用市场和资本的力量提高科研质量，但更应关注如何保持大学和学科作为学术组织的特性。

（1）大学与各界竞争、合作的关键环节尚未在制度设计层面打通。政府如何为大学与各界的竞争和合作创设良好的制度环境，是全球化创新时代能够催生出一流大学和一流学科的关键之一。中国政府近年来的举措有长足的进步，比如，开创以大学为依托的全球科技创新园区、世纪之交的全球科技研发、通过智能互联网提供的快捷互通共享的创新平台、设置"协同创新中心"，等等。下一步还应在细化产教融合政策、提高中外合作办学实效性等方面实现突破和进展。

（2）对大学与各界竞争、合作中的潜在危机尚缺乏制度性的预警设计。在"双一流"建设过程中，政府促成大学与各界的竞争合作关系，打通沟通障碍的同时，也需要拥有足够的智慧和能力来处理隐藏于其中的种种危机。比如承担企业项目者更可能将自己的研究定位为应用开发研究而非基础研究，这体现出商业文化的渗入确实有可能带来科学研究的"偏移"现象，影响教师进行更高更尖科研高峰的攀登。

2. 市场合理激活高等教育资源配置的制度设计明显滞后

"双一流"建设要关注引领经济社会发展需求，深化产教融合、科教融合，加快将高校学科、人才优势转化为创新优势和产业竞争优势，让高校真正成为科技和产业技术创新的重要策源地，即需要市场在"双一流"建设中充分激发资源配置的活力。同时，市场系统必须时刻保持着足够的自省度，教育的本职工作首先还是搞好育人工作，科研和社会服务工作不能脱离开育人而单独存在。

（1）市场激发高等教育资源配置活力的制度设计滞后。"双一流"建设中的学科培育、人才培养、师资调配和成果转化都无法脱离市场运转而存在。

目前，一方面，师资流动与薪酬体系缺少市场调控机制。高校教师的薪酬和产出绩效匹配度不高，虽然对优秀人才实行了特殊岗位特殊薪酬的奖励性制度，但对懒惰之人的驱动力却不足，惩戒措施不完善。中国高校人才流动的市场调配成熟度还不高，自由流动的市场意识和制度体系还没有建立起来，市场自由流动的人才合法权益以及培育单位的合法权益没有得到确认。

另一方面，人才培养与就业体系缺少市场调控机制。近年来，中国高校的毕业率偏高，且呈现出学校层次越低毕业率越高的现象，与世界一流大学的毕业率格局恰恰相反。之所以出现这种现象，可能在于市场需求和评价机制还没有真正渗透进高等教育领域。中国教育行政部门已经通过创新创业教育、产教融合、专业招生数量变更等措施对此进行了干预，但市场所要求的竞争和淘汰机制还没有真正形成。

再一方面，成果培育与转化体系缺少市场调控机制。从科研院所和高校来看，科研人员产出成果大多瞄准的是职称评聘和完成科研任务，在结题后或者没有精力考虑转化，或者成果本身不是真正有市场潜力、有推广价值、有成熟度、适宜转化的科技成果。从企业来看，90%以上的企业研发、转化科技成果的动力和能力不足，尤其是中西部地区的企业，研发活动少，难以依靠科技创新经营企业，缺乏技术创新和转化的条件。国企技术人才多，研发条件好，一般也是针对现有生产条件开展科研。从中介服务机构看，进行科技要素配置的产权交易中心、科技条件市场和技术经纪人市场少，跨区域服务和综合服务能力不强，掌握的信息不完整，从业人员能力良莠不齐，其"线上线下"的活动大都热衷于举办技术市场交易会、科技成果推广对接会，只起到了单一沟通的作用。从政府监督部门来看，引导能力不足，管理手段单一，对成果转化项目的管理仅限于负责立项和组织评审、财政部门拨款、完成验收等环节，在科技考核制度、职称评定制度中并没有将科技成果的应用、推广和市场价值考量放在重要地位。

（2）市场驱动与教育底线的界限比较模糊。市场交易的典型思维即是价值化一切可以化作价值的因素，追求的是"有用"和"有效"。这与教育的人性、美德、公正、民主、自由等人伦领域坚守的标准是不相等的。而且，高校改革须遵循管理世界中的真理标准，立足于实事求是的层面，使组织成员明确改革是否合理，以化解价值泛化的难题。如果界限控制不好，就会出现"学术 GDP"的虚假繁荣，失去一流大学应有的高品位和品格。

3. 守正创新与功利驱动纠缠于大学治理内外

政府干预、市场传导、大学办学，"双一流"建设要真正落实"三位一体"式的立体驱动机制，必须在大学层面建立起良好的驱动系统。也就是说，大学要在"双一流"建设中精准定位，实现强力驱动，却又不肆意妄为。然而，在具体实践中情况不容乐观。

（1）在大学层面还难以实施精准、有效驱动。高校应该大胆探索，充分借鉴成功经验，强力引导政府和市场运转系统，解决构建能使国际高端人才聚集的产学研中心地带，在"赛场驱动"机制下实现联合共享高端人才，学科集群发展进入良性发展状态，在区域协同发展中实现学科的系统搭配等现实难题。

一方面，在大学内部还难以实现分层驱动。国家近年来一直强调实行"放管服"的管理体制，理清学校和学院层面之间的权力关系，实行学院内部治理系统的改革。教育部力图通过教授委员会和学术委员会来提升学术权力，落实学院的教学、科研和管理自主权。在这个过程中，需要重新规范各种权利的影响范围，注重学院内外权力主体之间的权力生成和制约。在价值多元化的社会中，还要防止由权力冲突带来的各种内耗，遵循"边培育、边放权、边完善"的思路，逐渐畅通各种权力运转系统。

另一方面，在大学内部还难以实现系统驱动。近年来，中国高等教育改革探索了将分散于各处的职能集中起来，成立学生服务中心、教师发展中心等机构，或整合学院关系，实行大部制等做法，试图消除大学运行系统中的条块分割弊端，在大学内部实现系统驱动的目的。实现这一目标，关键点在于能否突破行政层面的简单组合，要进入拥有"共同使命"的"项目协作"层面，在大学内部实现系统驱动，并将涉及领域从学科集群推及高校内部的各个领域。

（2）大学在推进"双一流"建设中难以坚守教育本色。

一方面，"双一流"建设中功利化倾向比较严重。高校办学资源竞争的激烈化会使建设主体为了获得"双一流"建设资格，进而获取大量的财政支持而绞尽脑汁，例如在评审指标体系上做足表面功夫。目前，中国高等教育飞速发展，无论是在校生数量、科研经费额度，还是参与行业、地方建设程度，以及受国家、省、市的重视程度，都远远胜于过去，因此，更应提高教育教学和科研水平，走出一条内涵发展的道路。

另一方面，"双一流"建设的特色优势与同质模仿经常纠缠在一起。"双一流"建设明确指出，对地方高校和部属高校一视同仁，且"坚持扶优、扶需、扶特、扶新"。也就是说，希望通过"分类建设"来引导不同类型的高校合理定位，实现特色发展，避免陷入盲目攀比、刻意模仿的同质化发展窠臼中。

再一方面，以人才培养作为中心多停留在口号上。应该将人才培养的一流摆在"双一流"建设的重要位置，评估的重点如果还是一味局限在论文、著作、课题、获奖和发明专利等核心指标上，会使得人才培养质量这种难以量化的软指标在"双一流"建设的考核指标和建设任务中难以得到足够的重视。大学的首要任务是培育能够"志于道、据于德、依于仁、游于艺"的人，所有教学、科研和服务活动都应该围绕育人展开，为育人服务。

第三节　河北省高校"双一流"建设分析

2022年，教育部、财政部、国家发展改革委公布了第二轮"双一流"建设高校及建设学科名单，除首轮140所"双一流"高校外，又新增7所高校。河北省没有新增，仍然仅有河北工业大学1所高校入围，再次凸显了河北省高等教育"大而不强"的现实。本节通过对入选"双一流"的高校和学科进行综合比对分析，总结了国家新一轮"双一流"遴选中的一些变化，分析了河北省地方高校存在的差距和不足，提出了加快河北省"双一流"建设的对策建议，具体如下。

一、入选国家"双一流"学科条件的变化

2017年9月21日，教育部公布了第一轮"双一流"建设高校及建设学科名单，137所高校的465个学科入围，其中包括新增的25所"双非"高校。除原"985工程""211工程"高校自动入围外，其他入选的高校大都满足表5-3-1列出的"第一轮入选条件"的4个条件之一。

表 5-3-1　两轮"双一流"建设高校及建设学科入选条件一览表

序号	第一轮入选条件	第二轮入选条件
1	全国第三轮学科评估排名在参评的一级博士点中前 2 名或前 10% 的学科	拥有运转成熟的国家级科研平台（国家重点实验室、国家工程技术研究中心等）
2	ESI 世界排名前 1‰的学科（2017 年）	承担多项国家级重大项目（国家重点研发计划、国家自然科学基金重大项目、国家社科基金重大项目等）
3	QS 世界大学学科排名前 50 强（2017 年）	2021 年之前学科具有一级博士授权点
4	获得国家科技奖励（以第一单位获国家自然科学二等奖以上、技术发明一等奖以上、科技进步一等奖以上）	获国家科技奖励（以第一单位获国家自然科学二等奖以上、技术发明一等奖以上、科技进步一等奖以上）、教育部高等学校人文社科优秀成果一等奖

在第二轮"双一流"建设高校及建设学科名单中，入选的高校大都需要同时满足表 5-3-1 列出的"第二轮入选条件"的 4 个条件。例如山西大学、湘潭大学、南京医科大学、华南农业大学、广州医科大学、南方科技大学、上海科技大学等，其相关学科指标详见表 5-3-2。

表 5-3-2　7 所高校相关学科指标统计表

序号	学校名称	学科	大平台	大项目	大成果	博士点
1	山西大学	物理学	国家重点实验室	√	自然科学二等奖（2020）	√
		哲学	教育部人文社会科学重点研究基地	√	教育部人文社科一等奖（2020）	√
2	湘潭大学	数学	国家应用数学中心	√	自然科学二等奖（2019）	√
3	南京医科大学	公共卫生与预防医学	国家级国际联合研究中心	√	自然科学二等奖（2018）	√
4	华南农业大学	作物学	国家重点实验室	√	自然科学二等奖（2018）	√
5	广州医科大学	临床医学	国家重点实验室、国家临床医学研究中心	√	科技进步一等奖（2020）	√
6	南方科技大学	数学	国家应用数学中心	√	自然科学二等奖（2016）	√
7	上海科技大学	材料科学与工程	国家重点实验室、国家工程实验室	√	自然科学二等奖（2020）	√

二、两轮"双一流"建设高校及建设学科入选条件对比

一是由"一票上位"改为"四位一体"。国家首轮"双一流"建设高校及建设学科入选条件为满足4项标准之一即可入选,第二轮则要求同时满足"大平台、大项目、大成果、一级博士点"4个条件,更严格的是,4个条件要求在同一学科范围内,门槛提高很多。

二是摒弃了国外机构评价指标。首轮入选条件中有 ESI(essential science indicators,基本科学指标数据库)世界排名和 QS(Quacquarelli Symonds)世界大学学科排名 2 项国外机构标准。ESI 世界排名是基于论文引用频次对学科的排名,QS 世界大学学科排名中"学术声誉"和"雇主声誉"等主观指标权重占到50%~100%。这两项指标争议较大,在第二轮"双一流"建设高校及建设学科评选中不再考虑。

三是强调对服务国家的贡献。国家科技奖励是表彰为我国科技事业发展和现代化建设作出突出贡献的科技工作者而设立的国家最高层次的科技奖励。"双一流"建设高校及建设学科入选条件中唯一不变的指标就是国家科技奖,这与"双一流"服务高等教育强国建设的目标是一致的。

四是重视基础科学研究导向。与西方发达国家相比,我国基础科学研究短板突出,致使在关键核心领域被"卡脖子"。在新一轮遴选条件中,国家技术发明奖、科技进步奖均要求一等奖及以上,自然科学奖可放宽到二等奖以上,突显了国家对基础科学研究的重视和鼓励。

五是强化国家级科研平台的作用。在第二轮"双一流"建设高校及建设学科评选中强调大项目、大成果要依托国家级科研平台,而且平台范围限定很严,省部共建国家重点实验室、国家地方联合技术中心等都不包括在内。

三、河北省高校距入选第二轮"双一流"建设高校及建设学科的差距

1. 大平台

河北省有 5 所高校拥有 6 个国家级科研平台(见表5-3-3)。燕山大学拥

有国家重点实验室、国家工程技术研究中心各 1 个；河北农业大学和河北工业大学有 1 个国家工程技术研究中心；河北大学、河北师范大学各有 1 个教育部人文社会科学重点研究基地。

总体而言，河北省高校国家级科研平台不多。

表 5-3-3　河北省拥有国家级科研平台的高校名单

序号	学校	平台名称	平台类型	所属学科	成立时间
1	河北工业大学	国家技术创新方法与实施工具工程技术研究中心	国家工程技术研究中心	机械工程	2013 年
2	燕山大学	亚稳材料制备技术与科学国家重点实验室	国家重点实验室	材料科学与工程	2006 年
3	燕山大学	国家冷轧板带装备及工艺工程技术研究中心	国家工程技术研究中心	机械工程	2011 年
4	河北农业大学	国家北方山区农业工程技术研究中心	国家工程技术研究中心	作物学	2007 年
5	河北大学	宋史研究中心	教育部人文社科重点研究基地	中国史	2001 年
6	河北师范大学	中国共产党革命精神与文化资源研究中心	教育部人文社科重点研究基地	马克思主义理论	2013 年

2. 大项目

2016—2020 年，河北省高校以第一单位主持国家自然科学基金重大项目 1 项、国家重点研发计划项目 12 项，国家社科基金重大项目 11 项。拥有国家级科研平台的河北工业大学、燕山大学、河北大学、河北师范大学和河北农业大学等 5 所高校均有以第一单位主持的国家级重大科研项目。

3. 大成果

2016—2020 年，河北省高校以第一单位获国家科技奖 7 项，获教育部高校人文社科成果奖 8 项。总体上，河北省高校获奖数量不多，层次不高。尤其是代表国家科研最高水平的国家自然科学奖仅有 1 项，技术发明奖、科技进步奖、教育部人文社科成果奖也未实现一等奖的突破，成为河北省高校入围"双一流"建设的瓶颈。

四、加快河北省"双一流"建设的对策

"十四五"是我国高校第二轮"双一流"建设周期,也是冲刺第三轮"双一流"的蓄力期。河北省应从加强顶层设计和整体谋划入手,实施"五大工程",精准发力,力争早日实现"双一流"建设新突破。

(一)国家科技奖励培育工程

从国家"双一流"建设高校和建设学科入选条件来看,国家科技奖是唯一延续的指标,凸显了该指标的重要性。自 2020 年开始,国家科技奖改为每两年评一次,"十四五"期间仅有 2 次评奖机会,竞争将更加激烈。表 5-3-4 为全国高校作为第一单位获 2016—2020 年度国家科学技术奖数量统计表,从近五年高校获国家科技奖统计情况看,各类奖项一等奖授奖数量很少,且基本上被原"985 工程"高校垄断。国家自然科学二等奖方面,每次高校获奖数量在 30 项左右,5 年间共有 11 所"双非"高校入选,获奖可能性相对较高。河北省应对依托有国家级科研平台的燕山大学、河北农业大学(燕山大学的材料科学与工程、机械工程,河北农业大学的作物学等 3 个学科)加大支持培育力度,使其努力产出重大原创性研究成果,力争获得国家自然科学一等奖或二等奖。

表 5-3-4 全国高校作为第一单位获 2016—2020 年度国家科学技术奖数量统计表

年份	国家自然科学奖		国家技术发明奖		国家科技进步奖		
	一等	二等	一等	二等	特等	一等	二等
2016 年	0	28	0	38	0	5	59
2017 年	1	23	2	39	1	6	58
2018 年	1	28	3	48	0	11	81
2019 年	1	31	1	38	2	9	115
2020 年	1	30	1	35	0	7	61
合计	4	140	7	198	3	38	374

人文社科成果奖方面,教育部高等学校人文社科成果奖是我国哲学社会科学领域的最高奖项,每 3 ~ 5 年评一次,"十四五"期间仅有 1 ~ 2 次评奖机会。从近十年(三届)授奖情况看,河北大学、河北师范大学从未获过一

等奖。在 2020 年第八届评奖中,全国共 63 所高校获一等奖 162 项,其中 16 所为"双非"高校,如表 5-3-5 所示。河北大学作为河北省唯一一所部省合建的高校,报奖名额不受河北省教育厅限制,学校多年来都有多项二等奖、三等奖成果的积淀,因此,河北省高校实现一等奖的突破有较大希望。建议河北大学、河北师范大学依托教育部重点研究基地,加强谋划,打造精品,早日产出一流成果,力争实现一等奖的突破。

表 5-3-5　获教育部第八届人文社科成果一等奖的"双非"高校统计

序号	学校	成果名称	所属学科
1	福建师范大学	明清闽北方言韵书手抄本音系研究	语言学
2	天津师范大学	中国传统政治文化讲录	政治学
3	温州大学	中国古代戏曲理论史通论	艺术学
4	山西大学	当代社会科学哲学:理论建构与多元维度	哲学
5	曲阜师范大学	论教师的哲学	教育学
6	西北政法大学	法律文化的数学解释	法学
7	黑龙江大学	新时代俄汉详解大词典	语言学
8	南京审计大学	卫生计生系统内审工作方法研究	管理学
9	重庆工商大学	三峡库区独特地理单元"环境 - 经济 - 社会"发展变化研究	交叉学科
10	嘉兴学院	马克思主义在中国早期传播史料长编	马克思主义
11	南宁师范大学	喀斯特人地系统研究	交叉学科
12	上海戏剧学院	中国电影表演美学思潮史述(1979—2015)	艺术学
13	温州医科大学	众创时代高校创业教育新探索	教育学
14	江西理工大学	稀土产业管制研究	管理学
15	华南农业大学	科斯定理:反思与拓展——兼论中国农地流转制度改革与选择	经济学
16	海南师范大学	新型城镇化进程中我国乡村教育可持续发展现实困境与战略选择	教育学

(二)顶尖高校对口支援工程

2018 年 8 月 19 日,山西省与 C9 高校战略合作座谈会在太原举行。会上签署了《山西省人民政府－北京大学战略合作协议》《北京大学支持山西大学建设与发展实施方案》和《清华大学－太原理工大学深化合作协议》。山西省借力清华大学、北京大学为首的C9高校联盟的高教对口支援，成为快速补齐山西高等教育短板的新动能。北京大学明确表示全力支持山西大学加快"双一流"建设。2019年7月，北京大学与山西大学签署哲学学科战略合作协议。2019年12月，山西大学和中国科学技术大学（简称"中科大"）签订了战略合作协议，助力山西大学物理学科"双一流"建设。山西大学物理学、哲学能新晋"世界一流学科"，与北京大学、中科大等国内顶尖高校的支持密不可分。

河北省可以借鉴山西省经验，由省级层面牵头与清华大学、中国人民大学、中国农业大学等国内顶尖高校签署省校合作战略协议，推进顶尖高校对口支援河北省的燕山大学、河北师范大学、河北农业大学具备冲击"双一流"潜力的学科（见表5-3-6），通过外部借力，实现河北省"双一流"建设的弯道超车。在这一方面，河北大学走在了河北省高校的前列，目前已通过部省合建机制，与中国人民大学、北京师范大学、中国农业大学、武汉大学等4所顶尖"双一流"大学签署对口合作协议。

表5-3-6　国内顶尖高校对口支援我省高校学科建设构想

我省高校	学科名称	支援高校	学科名称
燕山大学	机械工程（A-）	清华大学	机械工程（A+）
燕山大学	材料科学与工程（B+）	清华大学	材料科学与工程（A+）
河北农业大学	作物学（B-）	中国农业大学	作物学（A+）
河北师范大学	马克思主义理论（B）	中国人民大学	马克思主义理论（A+）

注：括号内为该学科全国第四轮学科评估等级。

（三）高端人才精准引进工程

两院院士、"长江学者"、国家杰青等高层次人才对"世界一流学科"创建十分重要，甚至起着决定性作用。科研平台建设、国家重大项目和顶尖学术成果的获得，均离不开高层次人才。2015年5月，国际知名数学家汤涛教授被南方科技大学聘为副校长，2016年1月获得国家自然科学二等奖，2017年当选中国科学院院士。这次精准引才为南方科技大学数学学科跻身国家

"双一流"学科起到关键作用。再如，国家杰出青年基金获得者、原厦门大学化学学科夏海平教授 2018 年被南方科技大学聘为讲席教授、深圳格拉布斯研究院执行院长，2021 年 11 月获得国家自然科学二等奖。

南方科技大学"精准引才"的经验模式为河北省高端人才的引进工作提供了很好的借鉴，河北省应摸清并对接省内有望冲击"双一流"的重点高校相关学科建设需求，加强高层次人才引进的精准化，切实发挥高层次人才的关键作用，尽快取得重大科研成果，补齐省内重点高校"世界一流学科"建设短板。

（四）国家级科研平台培育工程

新一轮"双一流"建设高校和建设学科的入选条件进一步强化了国家级科研平台的作用，大项目和大成果均需要依托大平台产生。河北省高校国家级科研平台资源稀缺，仅有 6 个。国家级科研平台对"双一流"建设至关重要。除河北工业大学、燕山大学、河北农业大学外，河北省还有 4 所高校曾荣获国家科技奖励，分别为石家庄铁道大学 3 项、河北医科大学 3 项、河北师范大学 1 项、华北理工大学 1 项。但上述 4 个学校均缺少自然科学类国家级科研平台。一方面河北省要加大对拥有国家级科研平台高校"双一流"建设的支持，另一方面对于省内有实力冲击国家科技奖的高校，优先支持创建国家重点实验室、国家工程技术研究中心、国家临床医学研究中心等，争取国家级科研平台覆盖更多高校，作为未来冲击"双一流"的后备力量。

（五）"一校一策"学科提升工程

结合国家"双一流"建设的根本要求，将河北省内高校拥有国家级科研平台的 5 个学科列为冲击下轮"双一流"的重点培育对象。这 5 个学科均有短板，比如燕山大学、河北农业大学相关学科短板均为重大国家科技奖励（自然科学二等奖、技术发明一等奖、科技进步一等奖）；河北大学中国史学科短板为教育部人文社科一等奖，河北师范大学马克思主义理论学科近五年没有主持国家级重大科研项目，未获教育部人文社科成果奖。

表 5-3-7　河北省相关高校"双一流"学科关键指标统计（2016—2020）

学校	学科名称	平台	项目	成果
燕山大学	材料科学与工程	国家重点实验室	国家自然重大项目 1 项 国家重点研发计划 1 项	国家技术发明二等奖 3 项
燕山大学	机械工程	国家工程技术研究中心	国家重点研发计划 2 项	无
河北农业大学	作物学	国家工程技术研究中心	国家重点研发计划 2 项	国家科技进步二等奖 1 项
河北大学	中国史	教育部人文社科重点研究基地	国家社科基金重大项目 3 项	教育部人文社科二等奖 1 项
河北师范大学	马克思主义理论	教育部人文社科重点研究基地	无	无

对标国家《"双一流"建设成效评价办法（试行）》和河北省高校的发展现状，河北省可通过面向拥有国家级科研平台的 5 个学科设立"学科特区"，由省主管部门会同相关高校，联合研究制定战略性、个性化、精准化的支持措施，加大政策、经费支持力度，创新学科建设模式和评价机制等一系列举措，激发学科发展内生动力，加快补齐学科建设短板，力争尽快产出重大标志性成果，早日实现"双一流"建设新突破。

第 六 章
"双一流"背景下高校服务地方经济
社会发展路径研究

第一节 政府层面

一、优化高等教育战略布局,为地方经济社会发展提供基础保障

高等教育承担着为国家培养各类人才,深入科学研究、促进社会主义现代化建设的重要任务。提高教育质量不仅是建设高等教育强国的基本保证,也是建设高等教育强省的基本要求,而优化高等教育布局结构是提升高等教育质量的重要方面。因此,优化高等教育的战略布局,可以为地方经济社会发展提供基础保障。

(一) 优化高等教育的层次布局

高等教育层次结构指研究生教育、本科生教育和专科教育三个层次的内部关系。长期以来,各省高等教育追求的都是办学规模的扩大和人才引进层次的提高,本科院校尤其是有研究生培养资格的高校占用了大量的教育资源,使得数量占比较大的高职高专院校,在教育资源争夺大战中处于绝对的劣势地位。这就导致技术技能型人才出现严重短缺,技术推广的难度加大,不利于高校服务地方经济社会发展能力的提升。

在"双一流"建设背景下，各省的教育主管部门应当优化高等教育层次布局，有利于为经济社会培养适合的人才。一方面，政府要引导高校纵深发展以"培养精英"为目标的研究生教育，适度发展应用型本科院校，着重挖掘在校学生的发展潜能，而不是盲目地扩大招生。另一方面，要大规模发展地方应用型和技术技能型院校。政府要建立健全职业教育发展长效保障机制，提高职业教育质量，依靠高职高专教育培养大批新型技术工人，从而引导各高校在不同层次、不同类型中争创一流，形成错位发展、优势互补的良性高校生态环境，主动适应各省实际的经济发展和产业转型升级的需要。

（二）优化高等教育学科专业布局

近年来，随着应用型大学概念的提出，各省高等教育学科专业的布局都随之进行了调整，但仍然和各省经济社会发展的要求有一定差距。在国家提出"双一流"建设的契机下，各省要充分抓住机遇，结合不同区域的实际情况，引导高校优化学科布局，引进退出动态调整机制，着力发展地方紧缺专业，注重学科特色和学科优势，及时淘汰过时专业，适应经济转型发展需要。

一方面，各省可以通过分层分类进行学科专业的布局，进而形成本省布局结构合理、具有特色优势的学科体系，最终提升学科发展的整体水平。比如，河南省把学科建设分为优势学科和特色学科两个类别进行建设；海南省把学科建设分为特色优势学科建设、特色扶持学科建设和特色培育学科建设三大类等。另一方面，可以结合区域优势和地方产业需求，着重加强特色学科建设。比如，青海省立足青藏高原资源、地域、民族优势等特点，整合三江源生态交叉学科、高原医学交叉学科、民族学交叉学科以及应用型特色学科；内蒙古结合其区域优势重点加强民族学、中国语言文学（蒙古语言文学）、中国史等特色学科。结合河北省学科缺乏特色的现状，亟须加强特色学科建设。对于河北省这种地域特色不太鲜明的地区，应该从充分挖掘自然优势、文化资源等区域优势资源入手，充分利用本地的优势资源，把学科建设与地区优质资源相结合，加大对优势学科的支持力度。比如可以充分利用西柏坡精神、宋史研究等地域文化资源，建立相关领域的研究中心、人文社科基地等，加大经费支持的力度，把其打造成为本省的优势特色学科。除此之外，要紧密对接产业需求，根据本省产业结构特点和发展重点遴选出相关学科，并将其发展成为优势特色学科进行重点建设，主攻当前产业发展面临的重大科学问题、关键技术等，加快成果和技术转移，进而解决地方乃至国家重大科研技术问题，服务地方经济社会发展。

（三）优化高等学校的区域布局

以河北省为例，全省共有 122 所高等院校，其中石家庄、保定和廊坊 3 座城市中的高校数量最多，尤其是石家庄，其拥有 44 所高校，占全省高校总数的 36%。从高校数量来说，河北省居全国第八，却没有一所"双一流"高校，唯一的一个"双一流"学科还是隶属地域在天津的河北工业大学。

为了优化各省高等学校区域布局，一方面，教育行政部门要以"双一流"大学建设为龙头，加大几所综合型、研究型大学的建设力度，发挥一流大学在全省的学科带头作用，以一流的成果辐射周边，推进全省协调发展。另一方面，要加大对偏远地区高校发展的支持力度。鼓励建立新的具有地方特色的职业院校，为地方特色经济发展培养大批实用人才，努力缩小地区之间的发展差距，推动全省高等教育的协调发展，发挥高校在地方经济中的引领作用。

二、推动人才培养模式创新，为地方经济社会发展提供人才支撑

在"双一流"建设的背景下，"科技是第一生产力"要和"人才是第一资源"的理念结合起来，才能衍生出更大的建设成效。创新高校的人才培养目标是，培养具有创新能力和实践精神的各类应用型、复合型人才，尤其是地方经济社会发展所急需的先进制造业、战略性新兴产业相关的一流人才。加强人才培养，必将会为经济发展提供强有力的人才支撑。

（一）立德树人是根本

开展"双一流"建设，秉持的一个原则是"创新和开放"，人才引进和培养也是如此。政府要引导高校将立德树人作为人才培养工作的根本，主要包含两层含义：一方面，政府要重视高校的思政教育，加强社会主义核心价值

观的引领，将思想政治教育贯穿到整个教育教学过程中，在人才聘用和考核中，对意识形态领域和政治性的审查要作为首要的一个要求；另一方面，政府要引导高校培养应用型的人才，推行"特色专业体系构建计划"，将人才培养的方向与区域经济社会发展和产业转型升级的需要结合起来。同时，平时不被高校所重视的职业教育，也是培养服务地方经济社会发展人才的一个重要结合点，应将职业教育与行业发展结合起来，推行产教融合工程，加强实施"卓越职业院校建设计划"。

（二）创新创业教育是抓手

在国家实施"大众创业、万众创新"的战略引导下，创新创业工作得到了各高校的重视，相继成立了"创新创业中心"来推动相关工作的开展。培养创新创业的高端人才服务地方经济社会发展，可从以下两个方面着手：一是加强宏观科学指导，政府要在高等教育领域指导高校做好创业教育顶层设计的理论研究工作，把政府相关扶持政策纳入教学内容，促进高校把学生的培养和创业教育理论有机融合，正确引导高校教学方向，构建高校创新创业教育的人才培养新体制。让学生能够深切感受到政府对创新创业的重视，激发自身创新创业热情。二是落实大学生创新创业扶持政策。政府要在税费减免、贷款融资、收费减免、创业服务等方面加强资金支持力度。主动为高校设立大学生创业天使基金等创新创业资助项目，同时建立健全创业投资机制，鼓励社会支持大学生开展创新创业活动。

（三）产教融合是育人措施

当前，我国高等院校改革发展和人才培养的主要措施是高校和企业协同育人，但在实践过程中仍然存在协同育人建设机制不健全、管理不完善、深度不够等问题，制约着创新人才的培养。各省应抓住国家实施"中国制造2025"和"互联网+"战略的重大机遇，鼓励高校完善产教融合的协同育人机制，主动服务地方经济动能转换和产业升级的需要。

首先，政府要搭建起"学校—全产业链"的合作平台，高校利用自身教学科研的资源优势，以地方需求和地方产业发展为导向，调动和整合所有相关平台资源建设协同育人平台，共同培养面向未来需求和行业发展的高素质人才，提高人才的竞争力和对新经济发展的适应性。

其次，引导高校全面深度协同育人。全面是指要从研发、设计、生产、销售、管理到服务的全产业链流程协同育人。深入主要是指除了实习实践外，高校还应邀请企业技术人员、行业专家参与制订人才培养方案、重构课程体系、改革人才培养模式、指导毕业生论文等环节，定期邀请企业工程师开展讲座活动，介绍行业发展前沿，为在校生传授专业技术技能。

最后，引导高校建立协同育人评价体制。教学方式改革必然要求教学评价方式的改革。各级地方政府主要可以从专项资金投入增长量、政策出台数量等客观指标来衡量协同育人效果，高校应当建立以理论考试、技能考核、职业资格考试等为考核指标的学校评价体系，以岗位适应性、任务业绩完成情况、就业率、就业稳定率等为考核指标的企业评价体系，实现校企双元进行综合评价，从而提高产教融合协同育人质量，并使育人水平在过程反馈中得以改善与提高。

（四）教学管理创新是重要环节

随着经济的发展和高校教育的深化改革，高校的教育教学管理不能再沿袭传统的模式，而应根据学习者多样化、个性化的学习需求，进行教学管理的创新，建立以学习者为中心的人才培养模式。一是推广现代学徒制。例如，河北省高校众多，可以坚持面向市场、服务发展、促进就业的办学方向，实现学校和企业的深度融合，形成校企联合招生、联合培养长效机制，推动产教融合的职业教育模式发展，真正实现校企一体化育人。二是推进高校学分制改革。探索建立与学分制相适应的课程设置、考核评价、学籍管理等教学管理制度，方便学生进行跨专业跨学校学习的学分认定与转换。[①] 推行以学生为中心的启发式、合作式、参与式和研讨式学习方式，真正建立以学生为中心的人才培养模式。三是积极推行导师制。导师的职责是辅导员和学术导师的结合，要积极培养学生专业兴趣，鼓励学生积极参与大学生创新创业项目，组织学生参与专业相关的研究讨论，培养学生的创新思维和实践能力，并与

---

① 陆国栋，李拓宇. 新工科建设与发展的路径思考 [J]. 高等工程教育研究，2017（3）：20-26.

辅导员一起帮助学生制定职业生涯规划。导师制的实行，在很大程度上可以避免学生发展的盲目性，开发学生发展的潜力，增强学生毕业就业能力。

（五）评价体系创新是有力措施

构建人才培养质量监控与评价体系是保障高校人才培养质量的重要措施。首先，引导高校完善教学督导制度。高校教学督导员负责对教学的全过程进行监督，在人员的遴选过程中，既要挑选教学经验丰富、积极性高、责任心强的中青年教师，还要聘请一些校外行业专家和技术骨干对实践教学环节进行监督。督导员在工作过程中要以科学指导的态度及时纠正问题，并提出切实可行的改进措施，及时发现并纠正教学过程中出现的偏差。其次，高校要加强对教学质量的监督和把控。高校根据教育质量标准，通过对教学工作、教学水平、教学管理工作进行专项检查、常规检查、不定期抽查，来确保教学质量，以培养合格人才。最后，高校要健全人才培养质量评价体系。高校自身要完善教师自我评价机制和评教制度。教师的自我评价可以帮助教师在日常的教学过程中逐渐增进自己对教学过程的了解，进而正确认识自己的长短处。评教制度面对的主体是学生，高校要鼓励学生参与教师教学的评价，这是学生的一种权利，也是对学校的一种责任与义务。健全的人才培养质量评价体系可以增进学校和学生对教师的了解，有助于教师弥补自身的缺陷，提升教学的能力。

三、促进高校科研成果转化，为地方经济社会发展提供创新动力

当前，河北省通过创新助力产业发展、"金种子"长成"参天树"、将创新链和产业链深度融合等措施，力争打通科技成果转化的"最后一公里"。在高校科技成果转化过程中，河北省政府应发挥其宏观调控职能，着力推动科研成果转化，为建设富饶美丽幸福的新河北提供强大的创新动力。

（一）完善有关高校科技成果转化的制度法规

随着社会的发展变化和科技成果转化需求的增长，我国 1996 年出台、

2015 年修订的《中华人民共和国促进科技成果转化法》呈现出不适用性。因此，河北省政府要根据国家宏观要求制定适应本省发展情况的科技成果转化的相关条例，增加科研转化的实际可操作性，发挥法律利器在科研转化中的重要作用。

政府应当引导高校突出以增加知识价值为导向的收益分配政策，激励高校科研人员从事科研成果转化的积极性。同时，鼓励高校建立和完善科技人员在岗兼职、离岗创业和返岗任职制度，支持科研人员到企业从事科技成果转化相关工作，解决科研转化工作人员的后顾之忧。

（二）建立高校、企业、政府三位一体的合作机制

在高校科研成果转化过程中，高校、企业、政府相辅相成，缺一不可。政府是科研政策的制定者，也是高校科学研究的主要资助者；高校是科研成果的发源地，更是知识创新的高地；企业是科研成果的支持者，也是受益者。政府应该发挥引领作用，主动为高校和企业搭建合作平台，建立和健全高校、企业、政府三位一体互动共赢的合作机制。对政府而言，服务地方经济社会的发展是其本职工作；服务高校的科研成果转化是服务型政府的重要体现，有助于提升政府的公信力。因此，这一合作机制对高校、企业和政府是一种共赢的设定，在市场经济条件下，地方高校科研成果的转化必将起到巨大的推动作用。

（三）建立高校科技成果转化的多渠道投资体系

在社会主义市场经济条件下，完善高校科技成果转化投融资体系，不能仅仅依靠增加政府的投入，还要构建面向市场的社会资本投入机制。要进一步推动高校科技成果转化，必须不断完善高校科技成果转化的投融资体制，构建一个科学的投融资体系。

一方面，政府优化财政科技投入结构。政府对高校科研成果转化的直接资助已经成为世界各国政府的普遍共识。河北省财政力量有限，不可能平均资助所有的科研成果转化，因此要突出科技投入的重点领域，这些领域应该符合未来科技发展的方向或者对经济社会发展起到重要推动作用。

另一方面，政府要发挥风险投资体系对高校科技成果转化的推动作用。在目前国家资金整体投入不足的情况下，建立起国家投入引导，企业投入为主，外资、个人和社会各界共同参与的风险投资机制，这是加速高校科研成果转化的必由之路。政府要鼓励高校通过投资风险补偿等机制吸引社会资本投入，对那些虽然经济效益不高，但社会公益性强的项目给予更大的支持。

（四）建立科学的高校科研评价指标体系

在传统的评价体系中，对于奖项、论文、著作等成果的学术价值较为看重，而对成果的市场开发前景、如何转化为生产力缺乏必要的考评。在国家"破五唯"政策的引导下，政府正在一步步建立科学、具有操作性的客观科研评价指标体系，为高校科研成果转化提供更正确的导向。

目前，政府只是对科研项目的完成情况进行简单的评估，忽视后续成果应用的追踪，缺乏对科研项目社会效益的持续关注。在新时代背景下，政府可以采取第三方评估方式，把获得科研成果推广的数量、等级和取得的经济效益、社会效益作为高校的评估、科研立项和经费投入的主要依据，调动科研成果应用转化的积极性。

四、推进高校智库建设，为地方经济社会发展提供智力支持

新型智库建设是构建中国特色哲学社会科学的一个重要方面，中共中央办公厅在 2015 年就出台了专门的智库建设指导意见，在 2022 年的《国家"十四五"时期哲学社会科学发展规划》中再次强调："要加强中国特色新型智库建设，着力打造一批具有重要决策影响力、社会影响力、国际影响力的新型智库。"由此可见，新型智库承担着服务党和政府科学决策、民主决策、依法决策的职责，在构建科学治理体系、提高治理能力、服务地方经济社会发展方面提供了强大的智力支持。

（一）加强智库人才队伍建设

在高校智库发展的过程中，研究团队的专业素养和研究能力格外重要。

建立健全科学完备的智库人才培育体系，既要重视高校智库人才的引进，又要重视智库人才的培养。河北省政府首先需要完善吸引高校智库人才的保障机制，在为知名专家学者提供良好的学术研究氛围的同时，还要提供较为优越的生活条件，解决专家学者的后顾之忧，让其专心致志为学术作贡献。其次，在引进人才的学科领域方面有统一的规划，需要引进来自各学科领域的专门人才，促进研究成果的多元性和优质化。

河北省政府可以借鉴发达国家在智库人才队伍建设中的"旋转门"机制，既要选拔优秀的智库人才到政府单位挂职锻炼，参与政策的制定；也要鼓励政府实际工作部门中具有较高理论研究水平的领导参与高校智库的研究，提高解决实际问题的能力。这一制度进一步实现了研究人员与实际问题的无缝对接，使研究人员第一时间获取有效信息，结合自身的专业知识仔细分析各种复杂的问题，从而得出有价值的高质量的研究成果，提升对政府的服务能力。

（二）营造重视高校智库的社会环境

高校智库是经济社会发展的智慧源泉，营造重视高校智库的社会环境需要政府重点发力。

首先，政府要通过加强顶层设计来明确高校智库的研究方向和实施路径，规范其发展进程。河北省在 2016 年就出台了自己的新型智库建设方案，并在摸清全省研究机构情况后，通过申报、筛选，确定了首批 9 个新型智库试点单位。

其次，政府要发挥引导作用，在政府部门科学民主决策的过程中充分借鉴高校智库的成果，加强对高校智库建设的重视程度。同时，对于在推行治理能力和治理体系现代化的过程中出现的问题，及时向高校智库征求意见，主动向高校智库征询决策谋略和政策方案，通过需求引导高校智库产出一流的科研成果，引导高校智库参与政府决策。

最后，政府部门应打造智库品牌，通过多种宣传途径向社会公众推介高校智库，定期举办高校智库交流活动，邀请社会人士参与高校智库建设的讨论。通过案例分析、智库历史、中外比较、政府智囊等多维角度，阐述高校智库建设对经济社会发展的重要影响力，营造重视、推崇高校智库的社会氛围，为高校智库发展营造良好的社会环境。

（三）加大对高校智库的支持力度

从目前河北省高校建设与发展情况来看，政府经费投入仍然是智库建设经费的重要来源，为推动智库发展，政府可以设立"河北省高校新型智库建设专项基金"，同时鼓励智库积极吸引社会资本的投入，以 3 年为一个周期，每年投入一定资金额度，以科研项目经费和高层次成果奖励的形式支持河北省高校新型智库建设。除此之外，政府要出台和完善智库激励等配套支持政策，为高校智库发展和创新提供制度保障，例如政策建议被采纳后可以提升职称等级或在绩效考评中加分等。

（四）推动高校智库开展深度交流合作

河北省可以从政府层面上引导不同类型高校建立智库联盟。通过建立河北省高校智库联盟、举办智库论坛、组织智库研究人员培训等学术性活动，发挥研究型大学和特色型大学学科专业化优势，提升高校在基础研究和哲学社会科学方面的影响力，为科学政府决策提供保障。同时，政府应以更加开放的视野，运用国内外资源，加强国际智库交流合作。推动国内外高校智库之间的交流与合作，汲取国外智库经验，发挥新型高校智库在河北省经济转型发展和产业升级中的作用，为经济社会发展贡献智库力量。

五、推动高校文化创新传承，为地方经济社会发展提供精神支柱

文化传承主要是指对中华民族的优秀传统文化的继承与发扬。文化创新是对以往的文化积淀作出选择，取其精华，弃其糟粕，并作出新的文化创造。高校是优秀文化传承的重要载体和思想文化创新的重要源泉，它体现在人才培养、科学研究、社会服务和大学文化建设等各个方面。在新的时代背景下，推动高校的文化创新和传承，对于提高人才培育质量、提升科学研究水平以及拓展服务地方经济社会发展的深度和广度，都有着重大的意义。

（一）弘扬社会主义核心价值观，引领文化发展主方向

高校是社会主义精神文明建设的重要阵地，肩负着引领文化发展的重要责任。政府要引导高校把培育和践行社会主义核心价值观融入高等教育全过程，形成课堂教学、社会实践、校园文化多位一体的育人平台，创新思想政治理论课教育教学，推动社会主义核心价值观进教材、进课堂、进学生头脑。完善学校、家庭、社会相结合的教育网络，形成强大的育人合力。

（二）发挥高校文化资源优势，建设文化创意重点基地

高校承载着传承优秀文化的使命，在继承和弘扬中华优秀传统文化中始终扮演着至关重要的角色。河北省文化资源丰富，拥有万里长城——山海关、避暑山庄、清东陵和清西陵等多处世界文化遗产，具有浓厚的地域特色。河北省政府要鼓励和引导省内高校积极主动地把河北文化资源融入日常教学工作之中，激发高校文化创作灵感，使地方文化与民族传统融合创新，并成为高校文化的重要构成。

近年来，高校的文化创意成果逐年增加，但是创意成果的转化却不那么尽如人意。创意成果的转化是一个专业化的过程，需要对市场作准确全面的评估，也需要巨大的资金投入。政府要充分发挥高校人才聚集、学科优势突出、科研水平高的优势，建立健全一支优秀的管理队伍，制定详细的文化创意扶持计划；围绕河北省文化产品发展的需求，建设河北省高校文化创意重点基地；推进产学研合作，促进高校知识原创性成果转化为现实的文化生产力；推动文化强省建设，实现新河北建设目标。

（三）激励高校文化氛围建设，提高河北省文化软实力

高校文化氛围建设是文化软实力建设的重要组成部分，政府要激励高校开展文化氛围建设。在高校文化氛围建设过程中，要坚持以人民为中心，避免文化发展在市场经济大潮中迷失方向；要适应互联网和新媒体发展的新形势，抓好网络文化创作生产；要继承大学文化优良传统，努力培养各领域文化领军人物，建设一支宏大的人才队伍，创作出更多思想精深、艺术精湛、

制作精良的文化作品，开展更多符合时代主题的校园文化活动。

随着《河北省文化和旅游发展"十四五"规划》的提出，河北省高校在发展的过程要紧紧抓住自身的文化特色，深入挖掘河北历史文化资源，培养高校文化事业发展的核心竞争力，推动高校弘扬和传播优秀河北文化，为建设新河北注入强大的精神动力。

第二节 高校层面

高校作为"双一流"建设实施战略的主体，如何在"双一流"建设的背景下提升学校服务地方经济社会发展的能力，可以从提升高校服务地方经济社会发展的供给质量、构建高校服务地方经济社会发展的转化机制和反馈机制等方面进行建设。

一、提升高校服务地方经济社会发展的供给质量

高校的科研成果如何适应市场需求，为地方经济社会发展贡献力量，首先就是要提升高校服务地方经济社会发展的供给质量。

（一）明确服务地方发展理念

从世界范围来看，国际上一流大学对各行各业的贡献是举世瞩目的。改革开放以来，我国经济社会迅速发展，教育作为人力资本投资的核心正逐步走向经济社会中心，服务社会越来越成为高校发展的重要职能。在"双一流"建设的背景下，河北省高校要切实转变自身发展理念，明确服务地方发展理念，增强服务地方发展的责任意识。同时，河北省高校要在充分认识自身优势、不足的基础上，认真分析区域经济社会发展需求，把这种服务理念转化为实际行动。如在选择合作企业时，"双一流"大学可以着重对接大型企业，满足其对高科技、高层次人才的需求；一般院校由于科研能力较弱，可以将重点放在中小企业，解决一般性技术难题。因此，河北省地方高校要明确服

务地方发展理念，以积极主动的姿态，促进服务地方社会发展良好机制的形成，并在服务中力求发展。

（二）准确定位高校类型和建设目标

一直以来，多数高校纷纷通过增设学科，扩大招生，拓宽校区，更改校名来追求高等教育规模效应。本科院校争相朝着高、精、尖的综合型和研究型大学的方向发展，而高职院校则谋求"专升本"以求发展。不同类别高校的界限日益模糊化。然而，这种跟随式"贪大求全"的发展模式并没有提升河北省高校的发展水平，反而使地方高校陷入重复投入、交叉建设的困境，地方高校失去了发展活力，导致河北省普通高校学科建设水平、办学特色、综合实力整体不强。在"双一流"建设背景下，河北省高校应该从自身的实际出发，准确定位自身的发展类型，明确"双一流"建设目标，通过自身的优势和特色形成一流的学科，为当前河北省的经济社会发展建设输送一批高精尖的一流人才。

（三）发挥特色学科专业优势

学校整体学科实力都具有绝对的竞争优势才是真正的一流大学。然而，由于大学竞争性发展现实使得每所大学都存在办学资源不足的状况，一所大学不可能同时在所有学科领域中都具有竞争优势。即使是世界一流大学，也不可能使其每一个学科都成为世界一流学科。因而，河北省高校在"双一流"的建设中，要避免"贪大求全"的发展模式，应理清办学思路，有取舍地发展本校的优势特色学科和专业方向，以此带动整个学校的学科建设，以有特色的人才促进河北地方经济社会发展。

河北省拥有本科高校 61 所，其中一部分高校属于行业划转高校，具有鲜明的行业特色，形成了自身的传统优势学科和特色学科。如果学校能够进一步发展自身优势学科与特色学科，加大对特色优势学科的投入，同时获得政府给予的政策、资金支持，紧盯行业发展需求，解决行业出现的重大难题，那么这些学科完全可以实现超越式发展，进入全国一流乃至世界一流行列。

燕山大学是一所以工学为主，文学、理学、经济学、管理学、法学、艺术学、教育学等 8 个学科门类共同发展的综合性大学，以服务国家装备制造业、战略性新兴产业、国防科技工业和区域经济社会发展为己任，学校建设目标是成为"特色鲜明、国内一流、世界知名的研究型大学"。学校主动顺应新时代、新科技、新经济发展的需要，积极促进科学研究的交叉融合和协调发展，布局新兴研究领域和研究方向，以全面提高科技创新能力，产出一流科研成果为目标，为机械重工、材料制造、电气工程、管理物流等行业和区域经济社会发展培养了大量高级专门人才，通过学科特色发展有力地促进了地方经济社会发展。

（四）转变高校人才培养模式

"双一流"建设离不开人才的培养，河北省地处京津腹地，一方面可以享受与京津高端人才合作的方便，另一方面，也饱受人才流失之痛。河北省高校要想培育出高质量的人才，必须转变人才培养模式，结合地方经济社会发展、特色产业建设及社会转型发展的要求，深化产教融合的进程，将学校课堂教育与企业生产、科研实践有效结合起来，培养实践能力强、素质全面、创新能力强的人才。构建适应学校特色与优势的人才培养模式，适应创新创业的时代要求，逐步提升学校的人才培养质量和水平是提升河北省高校服务地方经济社会的重要途径。

例如，燕山大学一直以来高度重视创新创业教育工作，成立了专门的"燕山大学创新创业教育与指导中心"，负责实施创新创业教育相关的各项工作，包括各级创新创业项目的组织与管理，各类学科竞赛、中国国际"互联网+"大学生创新创业大赛及专业综合技能展演的组织等。同时，面向全校学生开设了创新思维与产品开发及创业、新产品开发与创业、大学生创新与创业等就业类通识教育课程，还利用东西部高校课程共享联盟平台，引入了创业企业战略与机会选择、大学生创业基础、创新工程实践等跨校共享在线课程供学生选修，并将其纳入学校文化素质教育课程予以认定学分。

（五）提升高校科研能力

高校作为科技创新的重要主体，在创新体系中不仅发挥着知识传递、人才培养的作用，而且已经成为区域经济结构战略性调整的中流砥柱。根据近几年《高等学校科技统计资料汇编》中的数据，河北高校科技创新成果大而不强，数量偏多但是成果层次主要集中在省级奖励上，国家级奖励寥寥无几。同时，河北高校教师申请专利数及专利授权数在全国仍处于中等水平，整体科研能力还有待进一步提高。

当前，一方面，河北高校要在政府教育与科技部门的主导下，创新高校科技组织模式，提升学术权力在大学的地位，完善以学科交叉融合为导向的资源配置方式，大力推进协同创新，进一步提升高校科研能力。另一方面，河北高校应主动加强对区域经济社会发展的深入研究，掌握区域对科技的真正需求，从而提供持续的科研服务和智力支持。脱离河北省情实际谈科学研究是没有长久的生命力的，只有扎根于地方经济需求，科技才能焕发长久生命力，只有这样才能不断提高高校科研能力和水平。

（六）推动高校文化建设

高校是社会主义精神文明建设的重要阵地，肩负着引领文化发展的重要责任。河北高校要坚守中华优秀传统文化这个"根"，推动全面认识优秀传统文化，加强对河北优秀文化思想的挖掘和阐发，从中汲取营养，结合新的实践和时代的发展进行取舍，立足已有的优势，创造性转化和创新性发展传统文化，使之更好地服务于时代的需要。同时把培育和践行社会主义核心价值观融入高等教育发展全过程，着重培育社会主义核心价值观这个"魂"，推动社会主义核心价值观进教材、进课堂、进学生头脑，促进高校形成优良的文化氛围。

随着构建中国特色哲学社会科学理念在高校的进一步深入，河北省高校要创设校园特有文化氛围，优化校园环境，在坚持和继承校园传统文化的基础上，不断总结经验，实现理论创新、制度创新、思路创新、方式创新，谋划对应不同形势下文化建设的理论和对策，切实增强河北文化软实力，提高河北高校文化引领和继承的能力和水平。

二、构建高校服务地方经济社会发展的转化机制

高校是一座城市人才和知识的高地以及储备仓库，构建高校服务地方经济社会发展的转化机制，将有利于进一步激发高校的服务意识，主动对接经济社会发展需求，并将服务国家和省市重大发展战略，嵌入高校自身的成长逻辑。

（一）建立毕业生就业与企业人才需求对接机制

随着我国社会经济的不断发展，社会需求的日益多样化，高校毕业生就业状况也随之发生了很多变化。"双一流"建设既给高校的发展提供了前所未有的机遇，也为人才的培养奠定了坚实的基础。然而一流的人才怎样才能服务地方经济社会大发展也值得深思，一方面，河北高校毕业生只有具备扎实的专业基础和就业能力，不断适应变化的市场需要，才能更有效服务地方。另一方面，高校要建立毕业生就业与企业人才需求对接机制。这个机制能够将教育、产业紧密融合，形成一个有机互动的生态链条。河北高校要充分利用企业和学校两种不同的教育环境和教育资源，将理论教育与实践教育及创业教育有机结合，通过产学研平台建设及时帮助学生掌握就业信息，积累工作经验，实现一流人才就业和企业用工的顺利对接。近年来，河北高校通过举办"双选会""供需洽谈会"等活动来搭建平台，既为企业的发展提供了大量的人才，同时也为高校毕业生提供了可靠的就业途径。

（二）启动"政用产学研"创新合作系统工程

面对经济形势的日益发展、市场竞争的日益激烈和科学技术的不断创新的趋势，以往盛行的产学研模式已不能适应新的要求，高校之间也整合优势学科资源，在国家政策的指引下开展了"高校协同创新中心"项目。"政用产学研"是一种具有创新性的合作系统工程，是以生产者为中心的创新模式在向以用户为中心的创新模式转变。

在"双一流"背景下，河北高校要把握信息技术的发展趋势，将政府产业政策、科研设施、创新团队、优势成果和产业相关优势资源进一步整合，加快科研成果转化，以技术进步改造传统产业。河北高校推进"政用产学研"

创新合作系统工程，可以从以下几个方面着手。一是在人才培养模式上，建立由企业高级工程技术人员和高校教授共同培养的"双向导师制"，加强人才的定制化培养。通过"招才引智"等项目形式，加强海外人才引进。二是在课程设置体系上，注重实践性课程的设置，及相关专业和学科的交叉和渗透，通过与企业共建产学研合作基地、工程训练中心等合作创新平台方式，为学生提供实习和实训基地。三是在学科建设上，坚持以"双一流"建设为目标，面向河北省优势产业和重大民生领域，开展学科建设和创新合作，形成河北省科技创新战略力量，促进地方经济社会的发展。

（三）建立高校科技成果转化的长效合作机制

高校科技成果的产业化在地方发展的过程中发挥越来越重要的作用，已经成为高校服务地方的重要形式。然而，目前河北高校科技成果转化率较低，存在成果有效供给少、企业有效需求不足、成果转化机制不健全等多方面问题，与发达省份存在较大差距。在"双一流"背景下，河北高校应立足区域经济发展需求，结合学科专业的特点与优势，把科技开发、科研成果转化和区域行业产业发展紧密结合，建立校企联合研发平台。通过建设校企联合研发平台，以市场为导向，以产业为纽带，产学研分工合作，不断向深度发展，形成产业、科研和教学之间相互支撑的良好局面。这种长效合作机制能够为高校为地方经济发展持续不断地提供科技支撑。

（四）积极推动高校文化事业发展

高校文化是一种更高层次的文化，是先进文化的重要源头。高校文化作为社会文化中的重要组成部分，始终站在社会文化的最前沿，具有强烈的教育力、凝聚力、创造力和影响力。高等教育的主要职责之一是传承文化、创新文化、推动文化繁荣发展，提高国家文化软实力。在"双一流"建设契机下，河北高校要引导正确方向，适应互联网和新媒体发展的新形势，抓好网络文化创作生产努力培养各领域文化领军人物，建设一支宏大的人才队伍，创作出更多文化精品，以此来承载、传播文化，提升河北省文化软实力，促进地方文化事业和文化产业发展。

三、构建高校服务地方经济社会发展的反馈机制

（一）建立第三方评价机制

"双一流"建设以支撑创新驱动发展战略、服务经济社会发展为导向。"十四五"规划以来，河北高校在推动地方经济发展转型过程中发挥着越来越重要的作用，为了配合省委省政府提出的全省发展的战略目标，高校更应该着眼于当前的大局，并结合河北省的省情来衡量，培养出一流高端人才，然而社会的发展形势和高校自身的体制都是不断变化的，高校培养的人才是否符合社会发展的需要仍需要进一步考虑，因此，高校应建立服务地方发展的第三方评价机制，通过对就业率、专业毕业人数等指标进行科学的计量，为高校学科专业的设置提供客观的评价依据。高校在掌握客观的依据后，对自身的专业设置等进行调整以更好地促进经济建设和发展。

（二）完善社会服务信息体系

"双一流"建设坚持"以一流为目标、以学科为基础、以绩效为杠杆、以改革为动力"的基本原则，河北高校在服务地方经济发展的过程中要深化体制机制改革，必须建设产学研主体之间双向和多向沟通的面向市场、面向全国、面向全球的科技信息网络，建立完备的科技信息资料库，促进产学研主体间的相互沟通和了解。高校在短期内不可能深入了解到所有行业的具体情况，在信息科技迅速发展的今天，第三方评价机制往往具有一定的滞后性，通过建立和完善高校与企业间的信息库，能够最大程度密切高校与行业间的联系，克服第三评价体系滞后性的弊病。

（三）优化高校过程调节机制

河北高校要根据自身的特点和发展趋势，从第三方评价结果入手，主动与产业部门沟通交流，建立高校与产业间互动机制，根据社会人才结构的需求调整人才培养结构目标和方案，遵循经济社会发展变化规律及时加强对紧缺人才、应用型人才和复合型人才的培养，积极征求相关企业和用人单位的

建议，完善高校学科结构的规划和调整。具体而言，建立以产学研结合为突破口的高校学科建设调节机制，培养符合经济发展需要的一流人才和一流学科，实现高校学科结构与区域产业结构优化的良性互动。这个过程调节机制是动态的，而且是切实可行的，为河北高校内涵式发展、科学化发展创造了条件。

参 考 文 献

[1] 教育部,财政部,国家发展改革委.关于印发《统筹推进世界一流大学和一流学科建设实施办法(暂行)》的通知 [EB/OL].(2017-01-27)[2023-03-18].https://www.gov.cn/xinwen/2017-01/27/content_5163903.htm#1.

[2] 卢鲭宇,李阳倩.新时代地方高校服务区域经济社会发展研究 [J].成都中医药大学学报(教育科学版),2020(4):96-98.

[3] 张文革,郦文凯.地方高校与吉林西部区域经济社会发展互动研究 [J].教育与职业,2012(6):28-29.

[4] 李明敏.地方高校科研服务区域经济发展机制及路径研究 [J].西安航空学院学报,2017(2):88-92.

[5] 王淑冬,王伟.地方高校服务地方经济建设的机制与路径研究 [J].吉林工程技术师范学院学报,2020(12):39-41.

[6] 夏焰,崔玉平.我国高等教育与区域经济协调发展的量化评价 [J].重庆高教研究,2016(5):68-77.

[7] 林玉双,方益权.地方高校科研服务区域经济社会发展研究 [J].高等职业教育(天津职业大学学报),2012(6):22-25.

[8] 刘月.高职院校科技创新体系建设研究:以渤海船舶职业学院为例 [J].辽宁高职学报,2020(6):18-21,35.

[9] 雷爱侠.探索高水平科技成果与企业实际需求的精准对接机制 [EB/OL].(2020-03-31)[2022-11-30].https://difang.gmw.cn/gd/2020-03-31/content_33703367.htm.

[10] 朱会东.地方高校服务地方经济发展能力提升路径研究:以阜新高等专

科学校为例 [J]. 辽宁高职学报，2019（11）：30-33.

[11] 程天君，张铭凯，秦玉友，等 . 深化新时代教育评价改革的思考与方向 [J]. 中国电化教育，2021（7）：51-55.

[12] 张永凯 . 改革开放 40 年中国科技政策演变分析 [J]. 中国科技论坛，2019 （4）：1-7.

[13] 张立忠 . 河北省高等教育发展现状及问题分析 [J]. 价值工程，2014，33（31）： 292-293.

[14] 瞿振元 . 积极推动一批大学和学科跻身世界一流 [N]. 中国教育报，2016-09-29（008）.

[15] 杨旸，吴娟 . 地方高校"双一流"发展路径探寻 [J]. 长江大学学报（社科 版），2016，39（5）：74-76.

[16] 徐晓红，杨永刚 . 关于地方高校服务地方经济社会发展的思考 [J]. 现代教 育科学，2015（11）：17-19.

[17] 潘静 ."双一流"建设的内涵与行动框架 [J]. 江苏高教，2016（5）：24-27.

[18] 钟秉林，方芳 . 一流本科教育是"双一流"建设的重要内涵 [J]. 中国大学 教学，2016（4）：4-16.

[19] 郑波 . 围绕"双一流"建设 创新我国高等教育管理体制机制 [J]. 北京教 育（高教），2016（3）：8-11.

[20] 尹达，申大魁 . 论高校"双一流"建设的思想理念 [J]. 黑龙江高教研究，2016（8）：122-124.

[21] 马廷奇 ."双一流"建设与大学发展 [J]. 国家教育行政学院学报，2016（9）： 9-14.

[22] 郭霄鹏，张京京 . 高校"双一流"建设要充分发挥院系的支撑作用 [J]. 科 教文汇，2016（8）：4-5.

[23] 郑旭 . 地方高校以特色发展服务区域社会 [J]. 辽宁教育研究，2007（10）： 51-53.

[24] 杨岭，毕宪顺 ."双一流"建设的内涵与基本特征 [J]. 大学教育科学，2017（4）：24-30.

[25] 朱秀林 . 地方高校迎来新的发展机遇 [J]. 中国高等教育，2015（22）：17-18.

[26] 任友群."双一流"战略下高等教育国际化的未来发展 [J]. 中国高等教育，2016（5）：15-17.

[27] 邱均平，董西露.高校智库建设的困境与策略 [J]. 重庆大学学报（社会科学版），2017，23（4）：64-69.

[28] 胡丽娟.安徽大学服务地方经济社会发展研究 [D]. 合肥：安徽大学，2013.

[29] 高原，匡永忠.高等教育服务地方经济存在的问题及对策 [J]. 文教资料，2007（4）：4-6.

[30] 刘英，高广君.高校人才培养模式的改革及其策略 [J]. 成才之路，2015（18）：127-129.

[31] 李天丽，周艺涵.中国特色新型高校智库建设的困境及改革思路 [J]. 中阿科技论坛（中英文），2021（8）：117-119.

[32] 刘璐璐，史静寰.高校智库影响力评价体系构建：理路、原则与指标：以"双一流"建设高校为例 [J]. 现代教育管理，2022（2）：29-37.

[33] 顾岩峰.我国高校智库建设路径探析 [J]. 河北大学学报（哲学社会科学版），2014，39（6）：76-79.

[34] 李刚，王斯敏，冯雅.CTTI 智库报告（2019）[M]. 南京：南京大学出版社，2020：155-239.

[35] 冯利朋，兰洁.我国地方高校新型智库的分布研究 [J]. 智库理论与实践，2020，5（2）：50-57.

[36] 徐菲.我国高校智库建设的现实困境与路径转型：基于"中国智库索引"数据的分析 [J]. 智库理论与实践，2020，5（6）：54-60.

[37] 刘霞，赵宇萱，范小军.产教融合下高校科技成果转化效率评价研究 [J]. 科技管理研究，2020，40（15）：140-144.

[38] 梁树广.高校科技成果转化效率的区域差异及其影响因素分析 [J]. 统计与决策，2018，34（12）：86-89.

[39] 张明喜，郭戎.从科技成果转化率到转化效率：指标体系设计与实证分析 [J]. 软科学，2013，27（12）：85-89.

[40] 罗茜，高蓉蓉，曹丽娜.高校科技成果转化效率测度分析与影响因素扎

根研究：以江苏省为例 [J].科技进步与对策，2018，35（5）：43-51.

[41] 张运华，吴洁，施琴芬.高校科技投入及成果转化效率分析：价值链角度的考察 [J].科技管理研究，2008，28（8）：133-135.

[42] 何悦，陈丽玉，何慧芳.我国研究型大学科技成果转化效率评价：基于网络 DEA 模型 [J].科技管理研究，2018，38（15）：85-92.

[43] 何彬，范硕.中国大学科技成果转化效率演变与影响因素：基于 Bootstrap-DEA 方法和面板 Tobit 模型的分析 [J].科学学与科学技术管理，2013，34（10）：85-94.

[44] 黄水香.地方高校服务区域经济社会发展的路径选择 [J].黑龙江教育（高教研究与评估），2017（10）：41-43.

[45] 孙承波.产学研创新体系的提升与深化 [J].上海企业，2014（3）：52-55.

[46] 史国栋.论地方高校科技成果转化机制的创新 [J].常州大学学报（社会科学版），2011，12（4）：57-60.

[47] 周丽，陈艳.湖南两型产业人才需求与高等教育结构调整研究 [J].长沙大学学报，2013，27（1）：127-129.

[48] 吴中山."双一流"契机下湖南高校服务地方经济社会发展研究 [D].长沙：湖南大学，2018.

[49] 王莉芬，陈海利，李忆华.非中心城市高校服务区域经济建设发展的探索 [J].湖北成人教育学院学报，2017，23（3）：4-7.

附　　录

附录一　《统筹推进世界一流大学和一流学科建设总体方案》

国发〔2015〕64 号

建设世界一流大学和一流学科，是党中央、国务院作出的重大战略决策，对于提升我国教育发展水平、增强国家核心竞争力、奠定长远发展基础，具有十分重要的意义。多年来，通过实施"211 工程""985 工程"以及"优势学科创新平台"和"特色重点学科项目"等重点建设，一批重点高校和重点学科建设取得重大进展，带动了我国高等教育整体水平的提升，为经济社会持续健康发展作出了重要贡献。同时，重点建设也存在身份固化、竞争缺失、重复交叉等问题，迫切需要加强资源整合，创新实施方式。为认真总结经验，加强系统谋划，加大改革力度，完善推进机制，坚持久久为功，统筹推进世界一流大学和一流学科建设，实现我国从高等教育大国到高等教育强国的历史性跨越，现制定本方案。

一、总体要求

（一）指导思想

高举中国特色社会主义伟大旗帜，以邓小平理论、"三个代表"重要思想、科学发展观为指导，认真落实党的十八大和十八届二中、三中、四中全会精神，深入贯彻习近平总书记系列重要讲话精神，按照"四个全面"战略布局和党中央、国务院决策部署，坚持以中国特色、世界一流为核心，以立德树人为根本，以支撑创新驱动发展战略、服务经济社会发展为导向，加快建成一批世界一流大学和一流学科，提升我国高等教育综合实力和国际竞争力，为实现"两个一百年"奋斗目标和中华民族伟大复兴的中国梦提供有力支撑。

坚持中国特色、世界一流，就是要全面贯彻党的教育方针，坚持社会主义办学方向，加强党对高校的领导，扎根中国大地，遵循教育规律，创造性地传承中华民族优秀传统文化，积极探索中国特色的世界一流大学和一流学科建设之路，努力成为世界高等教育改革发展的参与者和推动者，培养中国特色社会主义事业建设者和接班人，更好地为社会主义现代化建设服务、为人民服务。

（二）基本原则

——坚持以一流为目标。引导和支持具备一定实力的高水平大学和高水平学科瞄准世界一流，汇聚优质资源，培养一流人才，产出一流成果，加快走向世界一流。

——坚持以学科为基础。引导和支持高等学校优化学科结构，凝练学科发展方向，突出学科建设重点，创新学科组织模式，打造更多学科高峰，带动学校发挥优势、办出特色。

——坚持以绩效为杠杆。建立激励约束机制，鼓励公平竞争，强化目标管理，突出建设实效，构建完善中国特色的世界一流大学和一流学科评价体系，充分激发高校内生动力和发展活力，引导高等学校不断提升办学水平。

——坚持以改革为动力。深化高校综合改革，加快中国特色现代大学制度建设，着力破除体制机制障碍，加快构建充满活力、富有效率、更加开放、有利于学校科学发展的体制机制，当好教育改革排头兵。

（三）总体目标

推动一批高水平大学和学科进入世界一流行列或前列，加快高等教育治理体系和治理能力现代化，提高高等学校人才培养、科学研究、社会服务和文化传承创新水平，使之成为知识发现和科技创新的重要力量、先进思想和优秀文化的重要源泉、培养各类高素质优秀人才的重要基地，在支撑国家创新驱动发展战略、服务经济社会发展、弘扬中华优秀传统文化、培育和践行社会主义核心价值观、促进高等教育内涵发展等方面发挥重大作用。

——到 2020 年，若干所大学和一批学科进入世界一流行列，若干学科进入世界一流学科前列。

——到 2030 年，更多的大学和学科进入世界一流行列，若干所大学进入世界一流大学前列，一批学科进入世界一流学科前列，高等教育整体实力显著提升。

——到本世纪中叶，一流大学和一流学科的数量和实力进入世界前列，基本建成高等教育强国。

二、建设任务

（四）建设一流师资队伍

深入实施人才强校战略，强化高层次人才的支撑引领作用，加快培养和引进一批活跃在国际学术前沿、满足国家重大战略需求的一流科学家、学科领军人物和创新团队，聚集世界优秀人才。遵循教师成长发展规律，以中青年教师和创新团队为重点，优化中青年教师成长发展、脱颖而出的制度环境，培育跨学科、跨领域的创新团队，增强人才队伍可持续发展能力。加强师德师风建设，培养和造就一支有理想信念、有道德情操、有扎实学识、有仁爱之心的优秀教师队伍。

（五）培养拔尖创新人才

坚持立德树人，突出人才培养的核心地位，着力培养具有历史使命感和社会责任心，富有创新精神和实践能力的各类创新型、应用型、复合型优秀人才。加强创新创业教育，大力推进个性化培养，全面提升学生的综合素质、国际视野、科学精神和创业意识、创造能力。合理提高高校毕业生创业比例，引导高校毕业生积极投身大众创业、万众创新。完善质量保障体系，将学生成长成才作为出发点和落脚点，建立导向正确、科学有效、简明清晰的评价体系，激励学生刻苦学习、健康成长。

（六）提升科学研究水平

以国家重大需求为导向，提升高水平科学研究能力，为经济社会发展和国家战略实施作出重要贡献。坚持有所为有所不为，加强学科布局的顶层设计和战略规划，重点建设一批国内领先、国际一流的优势学科和领域。提高基础研究水平，争做国际学术前沿并行者乃至领跑者。推动加强战略性、全局性、前瞻性问题研究，着力提升解决重大问题能力和原始创新能力。大力推进科研组织模式创新，依托重点研究基地，围绕重大科研项目，健全科研机制，开展协同创新，优化资源配置，提高科技创新能力。打造一批具有中国特色和世界影响的新型高校智库，提高服务国家决策的能力。建立健全具有中国特色、中国风格、中国气派的哲学社会科学学术评价和学术标准体系。营造浓厚的学术氛围和宽松的创新环境，保护创新、宽容失败，大力激发创新活力。

（七）传承创新优秀文化

加强大学文化建设，增强文化自觉和制度自信，形成推动社会进步、引领文明进程、各具特色的一流大学精神和大学文化。坚持用价值观引领知识教育，把社会主义核心价值观融入教育教学全过程，引导教师潜心教书育人、静心治学，引导广大青年学生勤学、修德、明辨、笃实，使社会主义核心价值观成为基本遵循，形成优良的校风、教风、学风。加强对中华优秀传统文化和社会主义核心价值观的研究、宣传，认真汲取中华优秀传统文化的思想精华，做到扬弃继承、转化创新，并充分发挥其教化育人作用，推动社会主义先进文化建设。

（八）着力推进成果转化

深化产教融合，将一流大学和一流学科建设与推动经济社会发展紧密结合，着力提高高校对产业转型升级的贡献率，努力成为催化产业技术变革、加速创新驱动的策源地。促进高校学科、人才、科研与产业互动，打通基础研究、应用开发、成果转移与产业化链条，推动健全市场导向、社会资本参与、多要素深度融合的成果应用转化机制。强化科技与经济、创新项目与现实生产力、创新成果与产业对接，推动重大科学创新、关键技术突破转变为先进生产力，增强高校创新资源对经济社会发展的驱动力。

三、改革任务

（九）加强和改进党对高校的领导

坚持和完善党委领导下的校长负责制，建立健全党委统一领导、党政分工合作、协调运行的工作机制，不断改革和完善高校体制机制。进一步加强和改进新形势下高校宣传思想工作，牢牢把握高校意识形态工作领导权，不断坚定广大师生中国特色社会主义道路自信、理论自信、制度自信。全面推进高校党的建设各项工作，着力扩大党组织的覆盖面，推进工作创新，有效发挥高校基层党组织战斗堡垒作用和党员先锋模范作用。完善体现高校特点、符合学校实际的惩治和预防腐败体系，严格执行党风廉政建设责任制，切实把党要管党、从严治党的要求落到实处。

（十）完善内部治理结构

建立健全高校章程落实机制，加快形成以章程为统领的完善、规范、统一的制度体系。加强学术组织建设，健全以学术委员会为核心的学术管理体系与组织架构，充分发挥其在学科建设、学术评价、学术发展和学风建设等方面的重要作用。完善民主管理和监督机制，扩大有序参与，加强议事协商，充分发挥教职工代表大会、共青团、学生会等在民主决策机制中的作用，积极探索师生代表参与学校决策的机制。

（十一）实现关键环节突破

加快推进人才培养模式改革，推进科教协同育人，完善高水平科研支撑拔尖创新人才培养机制。加快推进人事制度改革，积极完善岗位设置、分类管理、考核评价、绩效工资分配、合理流动等制度，加大对领军人才倾斜支持力度。加快推进科研体制机制改革，在科研运行保障、经费筹措使用、绩效评价、成果转化、收益处置等方面大胆尝试。加快建立资源募集机制，在争取社会资源、扩大办学力量、拓展资金渠道方面取得实质进展。

（十二）构建社会参与机制

坚持面向社会依法自主办学，加快建立健全社会支持和监督学校发展的长效机制。建立健全理事会制度，制定理事会章程，着力增强理事会的代表性和权威性，健全与理事会成员之间的协商、合作机制，充分发挥理事会对学校改革发展的咨询、协商、审议、监督等功能。加快完善与行业企业密切合作的模式，推进与科研院所、社会团体等资源共享，形成协调合作的有效机制。积极引入专门机构对学校的学科、专业、课程等水平和质量进行评估。

（十三）推进国际交流合作

加强与世界一流大学和学术机构的实质性合作，将国外优质教育资源有效融合到教学科研全过程，开展高水平人才联合培养和科学联合攻关。加强国际协同创新，积极参与或牵头组织国际和区域性重大科学计划和科学工程。营造良好的国际化教学科研环境，增强对外籍优秀教师和高水平留学生的吸引力。积极参与国际教育规则制定、国际教育教学评估和认证，切实提高我国高等教育的国际竞争力和话语权，树立中国大学的良好品牌和形象。

四、支持措施

（十四）总体规划，分级支持

面向经济社会发展需要，立足高等教育发展现状，对世界一流大学和一流学科建设加强总体规划，鼓励和支持不同类型的高水平大学和学科差别化发展，加快进入世界一流行列或前列。每五年一个周期，2016年开始新一轮建设。

高校要根据自身实际，合理选择一流大学和一流学科建设路径，科学规划、积极推进。拥有多个国内领先、国际前沿高水平学科的大学，要在多领域建设一流学科，形成一批相互支撑、协同发展的一流学科，全面提升综合实力和国际竞争力，进入世界一流大学行列或前列。拥有若干处于国内前列、在国际同类院校中居于优势地位的高水平学科的大学，要围绕主干学科，强化办学特色，建设若干一流学科，扩大国际影响力，带动学校进入世界同类高校前列。拥有某一高水平学科的大学，要突出学科优势，提升学科水平，进入该学科领域世界一流行列或前列。

中央财政将中央高校开展世界一流大学和一流学科建设纳入中央高校预算拨款制度中统筹考虑，并通过相关专项资金给予引导支持；鼓励相关地方政府通过多种方式，对中央高校给予资金、政策、资源支持。地方高校开展世界一流大学和一流学科建设，由各地结合实际推进，所需资金由地方财政统筹安排，中央财政通过支持地方高校发展的相关资金给予引导支持。中央基本建设投资对世界一流大学和一流学科建设相关基础设施给予支持。

（十五）强化绩效，动态支持

创新财政支持方式，更加突出绩效导向，形成激励约束机制。资金分配更多考虑办学质量特别是学科水平、办学特色等因素，重点向办学水平高、特色鲜明的学校倾斜，在公平竞争中体现扶优扶强扶特。完善管理方式，进一步增强高校财务自主权和统筹安排经费的能力，充分激发高校争创一流、办出特色的动力和活力。

建立健全绩效评价机制，积极采用第三方评价，提高科学性和公信度。在相对稳定支持的基础上，根据相关评估评价结果、资金使用管理等情况，动态调整支持力度，增强建设的有效性。对实施有力、进展良好、成效明显的，适当加大支持力度；对实施不力、进展缓慢、缺乏实效的，适当减少支持力度。

（十六）多元投入，合力支持

建设世界一流大学和一流学科是一项长期任务，需要各方共同努力，完善政府、社会、学校相结合的共建机制，形成多元化投入、合力支持的格局。

鼓励有关部门和行业企业积极参与一流大学和一流学科建设。围绕培养所需人才、解决重大瓶颈等问题，加强与有关高校合作，通过共建、联合培养、科技合作攻关等方式支持一流大学和一流学科建设。

按照平稳有序、逐步推进原则，合理调整高校学费标准，进一步健全成本分担机制。高校要不断拓宽筹资渠道，积极吸引社会捐赠，扩大社会合作，健全社会支持长效机制，多渠道汇聚资源，增强自我发展能力。

五、组织实施

（十七）加强组织管理

国家教育体制改革领导小组负责顶层设计、宏观布局、统筹协调、经费投入等重要事项决策，重大问题及时报告国务院。教育部、财政部、发展改革委负责规划部署、推进实施、监督管理等工作，日常工作由教育部承担。

（十八）有序推进实施

要完善配套政策，根据本方案组织制定绩效评价和资金管理等具体办法。

要编制建设方案，深入研究学校的建设基础、优势特色、发展潜力等，科学编制发展规划和建设方案，提出具体的建设目标、任务和周期，明确改革举措、资源配置和资金筹集等安排。

要开展咨询论证，组织相关专家，结合经济社会发展需求和国家战略需要，对学校建设方案的科学性、可行性进行咨询论证，提出意见建议。

要强化跟踪指导，对建设过程实施动态监测，及时发现建设中存在的问题，提出改进的意见建议。建立信息公开公示网络平台，接受社会公众监督。

附录二 《河北省人民政府关于统筹推进一流大学和一流学科建设的意见》

冀政发〔2016〕22 号

为贯彻落实《国务院关于印发统筹推进世界一流大学和一流学科建设总体方案的通知》（国发〔2015〕64 号）精神，统筹推进一流大学和一流学科建设，实现我省从高等教育大省向高等教育强省的跨越，提升高等教育为建设经济强省、美丽河北服务的水平，结合我省实际，提出如下意见：

一、总体目标

到 2020 年，3 所左右大学达到或接近国家一流大学水平，一批学科进入国家一流学科行列，个别学科进入世界一流学科行列。到 2030 年，若干所大学进入国家一流大学行列，更多学科进入国家一流学科行列，10 个左右学科进入世界一流学科行列，我省高等教育整体实力显著提升。到本世纪中叶，有高等学校达到或接近世界一流大学水平，更多学科进入世界一流学科行列，国家一流大学和一流学科的数量显著增加，基本建成高等教育强省。

二、建设任务

（一）建设高水平师资队伍。实施人才强校战略，强化高层次人才的支撑引领作用，培养和引进一批活跃在国际或国内学术前沿、满足我省及国家重大战略需求的一流科学家、学科领军人物和创新团队。积极引进"两院"院士、"万人计划"等各类专家、"973"和"863"首席专家、"长江学者"、"杰青"等高层次人才及其创新团队，完善"燕赵学者"遴选培养计划。高等学校要不断完善绩效考核分配办法，以充分体现向高端人才的倾斜。遵循教师成长发展规律，坚持引进和培养并重，以中青年教师和创新团队为重点，优化中青年教师成长发展的制度环境，培育跨学科、跨领域的创新团队，增强人才队伍可持续发展能力。加强师德师风建设，增强广大教师教书育人的责任感和使命感，培养和造就有理想信念、道德情操、扎实学识、仁爱之心的优秀教师队伍。

（二）创新人才培养机制。坚持立德树人，突出人才培养的核心地位，着力培养具有历史使命感和社会责任心，富有创新精神和实践能力的各类创新型、应用型、复合型优秀人才。改革传统的教育教学模式，注重学思结合，倡导启发式、探究式和讨论式、参与式教学，营造独立思考、自由探索的学术氛围。加强创新创业教育，大力推进个性化培养，全面提升学生的综合素质、国际视野、科学精神、创业意识和创造能力。合理提高高等学校毕业生创业比例，积极推进高等学校与地方政府共建大学生创业园区，引导高等学校毕业生积极投身大众创业、万众创新。完善由政府、学校、社会各方共同参与的质量评价保障体系，建立导向正确、科学有效、简明清晰的评价体系，形成对高等学校教师和学生的正向激励机制。

（三）提升科学研究水平。以国家和我省经济社会发展需求为导向，以省内高等学校博士点、重点学科和重点实验室、工程技术研究中心及重点研究基地等为依托，提高基础研究水平，加强战略性、全局性和前瞻性问题研究，提升解决重大问题能力和原始创新能力。加强省高等学校协同创新中心、人文社会科学重点研究基地建设，推进科研组织模式的创新，围绕重大科研项目进行联合攻关，开展协同创新，优化资源配置，提升科技创新能力。打造新型高等学校智库，发挥高等学校在战略研究、政策建言、人才培养、舆论引导、公共外交的重要功能，提高服务河北和国家决策的能力。

（四）着力推进成果转化。深化产业与教育的融合，将一流大学和一流学科建设与服务经济社会发展相结合，着力提高高等学校对我省产业转型升级的贡献率。推动高等学校创新成果重点与我省和中东欧国家产能合作以及京冀曹妃甸协同发展示范区、张家口市可再生能源示范区、白洋淀科技城和北京新机场临空经济区等产业园区建设实现有效对接，推动重大科学创新、关键技术突破转变为先进生产力。加强泥河湾遗址、燕赵文化等特色资源和传统文化研究与成果转化，助力我省文化旅游产业发展。落实《河北省促进高等学校和科研院所科技成果转化暂行办法》，调动高等学校科技人员创新创业积极性，打通基础研究、应用开发、成果转移与产业化链条，推动健全市场导向、社会资本参与、多要素深度融合的成果应用转化机制。

（五）传承创新优秀文化。加强大学文化建设，增强文化自觉和制度自信，形成推动社会进步、引领文明进程、具有特色的大学精神与大学文化。坚持将社会主义核心价值观融入高等教育教学全过程，加强科学道德和学风建设，引导教师安于职责潜心教书育人、精心治学，引导青年学生修德、勤学、明辨、笃实，形成优良的校风、教风和学风。加强对中华传统文化和社会主义核心价值观的研究，认真汲取中华传统文化的思想精华，做到扬弃继承、转化创新，推动社会主义先进文化建设。

三、改革任务

（一）完善高等学校治理结构。加快推进依法治校、依章办学，把教育改革发展纳入法治化轨道，建立健全高等学校章程落实机制，形成完善、规范、统一的现代大学制度体系。加强学术组织建设，健全以学术委员会为核心的学术管理体系与组织架构，充分发挥学术组织的重要作用，确保学术权力的相对独立和规范运行。完善民主管理和监督机制，拓宽教职工参与管理和决策的渠道，充分发挥教职工代表大会、共青团、学生会等在民主决策机制中的作用，积极探索师生代表参与学校决策的机制，逐步实现内部治理的科学化、民主化、法治化。

（二）深化体制机制改革。加快推进人才培养体制改革，适应国家和社会发展需要，推进科教协同、产教协同育人，形成体系开放、机制灵活、渠道互通、选择多样的人才培养体制。加快推进人事制度改革，完善岗位设置、分类考评、绩效奖酬、合理流动等制度；落实人才优先发展战略，制定高端人才培育引进专项计划和倾斜支持政策，形成具有竞争力的人才制度优势。加快推进科研体制机制改革，深入实施创新驱动发展战略，建立以质量和贡献为导向的绩效评价机制，完善促进成果转化的业绩考评与收益分配制度，最大限度激发科研人员的创新热情。改革经费管理办法，扩大学校经费使用自主权，支持高等学校对专项经费的统筹协调，引导经费更多用于师资队伍建设、人才培养，放宽经费结转使用，提高经费使用效益。

（三）扩大开放办学。坚持面向社会依法自主办学，加快建立健全社会支持和监督学校发展的长效机制。建立健全理事会制度，增强理事会的代表性和权威性，充分发挥理事会对学校改革发展的咨询、协商、审议、监督等功能。鼓励与行业企业、科研院所、社会团体密切合作，促进资源共享。推动建立资源募集和规范使用机制，拓展资金渠道、引入社会资源、扩大办学力量。积极引入专门机构对学校的学科、专业、课程等水平和质量进行评估。

（四）推进国际交流合作。加强与国际高水平大学和学术机构的实质性合作，推进国际协同创新，将国外优质教育资源有效融合到教学科研全过程，促进高水平人才联合培养和科技联合攻关。营造良好的国际化教学科研环境，扩大外籍教师和留学生的规模，优化生源结构。积极参与国际教育教学评估和认证，提高我省高等教育的国际声誉。

四、保障措施

（一）多元投入支持。

1. 一流大学建设分为两个层次，一流学科建设分为世界一流学科、国家一流学科、省内一流学科三个层次。省财政厅将高等学校开展一流大学和一流学科建设纳入省高等学校预算拨款制度中统筹考虑，从 2016 年起，"十三五"期间每年增设一流大学和一流学科专项资金 5 亿元给予支持，连续五年，总计 25 亿元。中央财政通过支持地方高等学校发展的相关资金给予引导支持。将一流大学和一流学科建设相关基础设施纳入省级基本建设投资支持范围，并通过设立专项给予支持。积极筹措建设资金，教育部门科学编制教育事业发展规划，发展专项资金列入中期财政规划，加大省财政支持力度，根据不同高等学校的建设定位，考虑学校办学质量，特别是学科水平、办学特色等因素，建设资金重点向办学水平高、特色鲜明的学校倾斜，实施差别化的资金支持举措。

2. 积极探索与京津地区高水平大学开展合作办学、联合攻关、人员交流、联合培养、资源共建共享等多种形式的合作，努力争取更多中央财政专项资金支持省内高等学校世界一流大学和一流学科建设，引领和促进我省高等教育实现跨越式发展。

3．制定激励措施，鼓励有关部门和行业企业，围绕培养所需人才、解决重大瓶颈等问题，通过基地共建、联合培养、智库建设、决策咨询、科技合作攻关等方式，加强与高等学校的协同创新发展，积极参与支持高等学校一流大学和一流学科建设。

4．在合理调整高等学校学费标准的基础上，健全成本分担机制。鼓励高等学校积极吸引社会捐赠，扩大社会合作，健全社会支持长效机制，拓宽筹资渠道，增强高等学校自我发展能力。

（二）坚持动态支持。自2016年开始，每五年一个周期，与国家五年规划同步，瞄准一流目标开展新一轮建设。突出绩效导向，根据学科类别和特征，积极采用科学性和公信度高的第三方分类评价指标，建立健全符合学科建设规律的绩效评价机制。以绩效考核为约束，完善管理方式，增强高等学校财务自主权和统筹安排经费的能力，充分激发高等学校争创一流、办出特色的动力和活力。

根据相关评估评价结果、资金使用管理等情况，动态调整支持力度，增强建设的有效性。对实施有力、进展良好、成效明显的，适当加大支持力度；对实施不力、进展缓慢、缺乏实效的，适当减少支持力度。

五、组织实施

（一）加强组织管理。省教育体制改革领导小组负责宏观规划、统筹协调、经费投入等重要事项决策，重大问题及时报告省政府；省教育厅、省财政厅、省发展改革委负责完善财政投入、绩效评价和资金管理等具体配套政策和办法，加强组织管理，有序部署、统筹推进我省高等学校一流大学和一流学科的建设工作。日常工作由省教育厅承担。

（二）编制建设方案。指导高等学校深入研究自身建设基础、优势特色、发展潜力等，科学编制发展规划和建设方案，提出具体建设目标、任务和周期，明确改革举措、资源配置、资金筹集和使用等工作安排。组织相关专家，结合我省经济社会发展需求和国家战略需要，对学校建设方案的科学性、可行性进行咨询论证，提出意见建议，把握建设方向和目标。

（三）强化跟踪指导。组织相关专家，对建设过程实施动态监测与评价，及时发现建设中存在的问题，提出改进的意见建议；建设成效通过信息公示网络平台向社会公开，接受公众的监督。

附录三 《河北工业大学一流学科建设高校建设方案》

2018 年 1 月 15 日

党的十九大提出"加快一流大学和一流学科建设，实现高等教育内涵式发展"，把教育事业放在优先发展的位置，把建设教育强国作为中华民族伟大复兴的基础工程，标志着中国特色高等教育进入了新阶段。为贯彻落实党的十九大精神和习近平新时代中国特色社会主义思想，根据《国务院关于印发统筹推进世界一流大学和一流学科建设总体方案的通知》《教育部 财政部 国家发展改革委关于印发〈统筹推进世界一流大学和一流学科建设实施办法（暂行）〉的通知》和《教育部办公厅关于编制世界一流大学和一流学科建设方案的通知》精神，结合学校实际，编制本方案。

一、建设目标

（一）学校办学定位与发展目标

办学定位：以马克思列宁主义、毛泽东思想、邓小平理论、"三个代表"重要思想、科学发展观、习近平新时代中国特色社会主义思想为指导，加强党对学校各项工作的领导，全面贯彻党的教育方针，坚持社会主义办学方向，坚持立德树人，坚持中国特色、世界一流，传承弘扬"兴工报国"优良办学传统和"工学并举"鲜明办学特色，主动把握国家实施创新驱动发展战略、京津冀协同发展战略、国家在河北省设立"雄安新区"等重大历史机遇，充分利用省市部共建的平台优势与隶属河北、地处天津的区位优势，坚持以人才培养为核心，坚持科学研究与服务社会并重，坚持以工科为主，加强内涵发展、特色发展、协同发展、创新发展，培养德智体美全面发展、严谨务实、开拓创新、具有社会责任感的高素质专门人才，不断提升直接服务区域经济社会发展的能力和水平。

发展目标：努力把对区域经济社会发展支撑度高的学科建设成为世界一流学科。到 2020 年，学校学科布局更加优化，一流学科建设取得显著进展，实现阶段发展目标；到 2030 年，学校部分学科达到国内一流学科水平，个别学科接近或达到世界一流学科水平；到 21 世纪中叶，学校部分学科接近或达到世界一流学科水平，个别学科进入世界一流学科行列。

（二）学科建设总体规划及拟建设学科

1. 学科建设总体规划

集中全校力量建设一流学科，打造学校学科高地。面向国家重大战略需求、经济社会主战场与世界科技发展前沿，依托学校电气工程、材料科学与工程、机械工程等优势学科，重点建设"先进装备工程与技术"学科群，突出学科交叉融合和协同创新，打造学科高地，力争早日进入世界一流学科行列。

为有效支撑和保障一流学科建设，加强学校化学工程与技术、控制科学与工程、电子科学与技术等其他学科的交叉融合，组成第二学科方阵，实现科学布局、梯次推进、分步发展、共同提高的学科建设格局。

2. 拟建设学科

学校拟依托电气工程（电机与电器）国家重点学科、材料科学与工程（材料物理与化学）国家重点学科、机械工程河北省强势特色学科等骨干优势学科，重点建设"先进装备工程与技术"学科群。

集中力量建设"先进装备工程与技术"学科群，打造学科高地，是实现学校持续又好又快发展的迫切需要；发挥一流学科建设的引领作用，快速提升学校学科整体水平和学校综合办学实力，是河北省高等教育发展的现实需要；建设"先进装备工程与技术"学科群，突破特种作业机器人、新能源装备、绿色节能装备产业关键技术，培养大批富有创新精神和实践能力的优秀人才，是河北省落实国家创新驱动发展战略，建设"产业转型升级试验区"，推动装备制造业成为全省第一主导产业，打造"河北制造"升级版，加快建设经济强省、美丽河北的现实需要。

二、一流学科建设

（一）口径范围

拟建设的"先进装备工程与技术"学科群是以电气工程、材料科学与工程、机械工程三个一级学科为主，同时融合了控制科学与工程、化学工程与技术、电子科学与技术、计算机科学与技术等相关学科优势方向的交叉学科群。

"先进装备工程与技术"学科群以"先进设计理论与方法"为引领，以"先进材料设计与制备"为支撑，以"智能感知与控制"为保障，以"先进装备系统集成"为目标。学科方向设置和重点研究问题如表1所示。

表1　学科方向与重点研究问题

序号	学科方向	重点研究问题
1	先进设计理论与方法	①创新设计与技术创新方法 ②基于数值模拟的设计理论与方法 ③可靠性设计理论与方法
2	先进材料设计与制备	①装备结构材料设计与制备 ②装备功能材料设计与制备 ③新型能源和环境材料设计制备
3	智能感知与控制	①智能传感与人机界面 ②多模态感知与行为意图理解 ③先进装备的控制与优化
4	先进装备系统集成	①特种作业机器人 ②新能源装备与系统集成 ③绿色节能装备与系统集成

（二）建设目标

建设"先进装备工程与技术"学科群，在创新设计、装备可靠性设计、装备功能材料、智能感知、特种作业机器人系统集成等领域着力提高原始创新能力，突破一批关键瓶颈技术，进入国际学术前沿；成为引领区域高端装备产业发展的重要支撑，成为国家高等教育改革发展和国家重大战略体系的重要参加、参与力量。

到2020年，整合相关学科优势资源，凝练学科方向，打造有效服务区域高端装备、新材料、节能环保等产业发展的多个优势学科团队，培育高层次学科带头人，构建面向世界一流学科的人才培养体系和机制。

到 2030 年，实现对应一级学科相关建设领域的高度有机融合，在各学科方向形成具有一定国内外影响力的学科团队，有力推动学科群整体影响力及整体科研水平的提升，成为引领河北省、天津市高端装备、新材料、节能环保等产业发展的重要支撑载体；学科接近或达到世界一流学科水平。

到本世纪中叶，本学科群在综合实力、学术声誉与国际影响力等方面整体得到跃升；形成一支具有世界一流水平的中青年学术骨干占主体的优秀师资队伍，培养出一批在产业界得到高度认可的杰出校友；科学研究处于国内外学术前沿，成为国家、京津冀区域高端装备、新材料、节能环保等产业发展的重要支撑；学科进入世界一流学科行列。

（三）建设基础

1.扎实的学科平台基础

拟建设学科群主要依托的电气工程、材料科学与工程、机械工程等学科已具有国家重点学科、省级重点学科及博士学位授予权，具备了扎实的学科平台基础，具体见表 2。

表 2　拟建学科依托学科构成

拟建学科名称	对应一级学科名称	重点学科	学位点
先进装备工程与技术	电气工程	国家二级重点学科（电机与电器）、河北省强势特色学科、天津市重点学科	博士学位授权一级学科
	材料科学与工程	国家二级重点学科（材料物理与化学）、河北省强势特色学科、天津市重点学科	博士学位授权一级学科
	机械工程	河北省国家重点学科培育项目支持学科、河北省强势特色学科、天津市重点学科	博士学位授权一级学科

2.优秀的学科人才和团队

本学科群有专职教师 180 人，其中高级职称 160 人，包括"长江学者""国家杰青"等高层次人才 7 人。建有国家级教学团队 2 个、教育部长江学者和创新团队发展计划研究团队 3 个、国家科技计划执行优秀团队 1 个、02 重大专项优秀团队 1 个，以及河北省"巨人计划"创新创业团队、天津市创新人才推进计划 A 类重点领域创新团队等 8 个省级创新团队，为本学科群建设奠定了坚实的人才基础。

3. 支撑度高的科研平台

本学科群建有国家技术创新方法与实施工具工程技术研究中心、省部共建电工装备可靠性与智能化国家重点实验室、化工节能过程集成与资源利用国家地方联合工程实验室等 3 个国家级科研平台，以及智能康复装置与检测技术教育部工程研究中心、河北省机器人感知与人机融合重点实验室等多个省部级科研平台，为本学科群建设提供了坚实的平台支撑。

4. 特色鲜明的研究领域和研究优势

本学科群在创新设计与技术创新方法、电工装备工程设计与可靠性、高性能金属材料、特种机器人、化工节能装备、新能源装备等方面形成了特色研究领域和研究优势，具体见表 3。2011 年至今，本学科群已承担纵向及横向科研项目 2 000 余项，获国家级、省部级科技奖励多项。

表 3　学科研究领域和研究优势

学科方向	优势特色
先进设计理论与方法	建立了我国自主的 C-TRIZ 理论体系；建立了集计算反求、快速分析、创新设计、工程优化设计和可靠性评价为一体的先进设计理论与方法体系；最早开展电工装备可靠性研究工作的单位之一；建有国家技术创新方法与实施工具工程技术研究中心、省部共建电工装备可靠性与智能化国家重点实验室等国家和省部级平台。
先进材料设计与制备	创建了国内高校首个 12 英寸 CMP 研发中心；开发了具有新型光电特性的无机复合物薄膜结构与器件，广泛用于高性能照明和光电传感器等领域；半导体单晶硅太阳能电池材料制备及装备技术为我国光伏产业发展提供了核心竞争力；建有天津市电子材料与器件重点实验室、材料层状复合技术及应用重点实验室等省部级平台。
智能感知与控制	开发了特种作业机器人皮肤触觉传感器，以及特殊环境下视觉与声源检测、柔性操作等特色控制关键技术；形成了电工装备智能运行及控制理论，研究水平居国内先进地位；数控装备集成测控系统研究成果广泛应用于航空航天、汽车、船舶、生物医学诊疗装备等众多行业；建有省部共建电工装备可靠性与智能化国家重点实验室、智能康复装置与检测技术教育部工程研究中心、河北省智能传感与人机融合重点实验室等国家和省部级平台。
先进装备系统集成	特种机器人的新型结构、精准控制、高效信息处理以及特种作业方法等关键技术研究处于国内领先地位；核电站服务机器人、石油化工行业危险作业机器人、灾害救援机器人、智能康复机器人、绿色高效分离过程集成技术装备的研究及应用，促进了特殊环境机器人、化工产业转型升级，形成了区域行业特色鲜明的优势方向；建有河北省智能化建筑施工装备协同创新中心、智能康复装置与检测技术教育部工程研究中心室等省部级平台。

在机械产品创新设计理论及工程应用方面，建立了自主理论体系 C-TRIZ 及适合中国企业创新工程师培养需求的推广应用模型，协助企业申请专利 1 100 余项，创造经济效益数亿元；获得中国产学研合作创新奖、河北省科技进步一等奖；学术带头人檀润华教授获得世界 TRIZ 领域最高荣誉阿奇舒勒勋章，建成了国家技术创新方法与实施工具工程技术研究中心。

在电气设备可靠性理论与工程应用方面，开辟了电器可靠性研究方向，负责起草了 8 部可靠性国家标准；提出了电器试验测控新技术，实现试验动态过程的实时在线监测和故障直接诊断，研制的试验设备在我国低压电器行业骨干企业应用面达 70%，为国家有关电器质量监督检验中心及电器行业多家龙头企业建立了可靠性实验室；获得国家科技进步二等奖 3 项；学术带头人陆俭国教授获得何梁何利科学与技术奖，建成了省部共建电工装备可靠性与智能化国家重点实验室。

在单晶硅太阳能电池材料先进制备技术及应用方面，发明了先进的大尺寸、高性能、低缺陷半导体单晶硅太阳能电池材料制备技术及装备技术，该成果成功孵化出河北晶龙实业集团，成为全球最大的光伏企业之一；获得河北省突出贡献奖等多项省部级科技奖励；晶龙集团与河北工业大学产学研合作工作被评为全国产学研成功案例 100 例之一。

在极大规模集成电路平坦化工艺及材料方面，面向极大规模集成电路多层铜布线平坦化材料及工艺需求，有效解决了采用酸性化学机械抛光的粗糙度大、碟形坑大、难清洗等世界性行业难题，成果已在中芯国际等数十家企业得到应用；"极大规模集成电路制造装备及成套工艺"国家 02 重大专项项目顺利通过验收，并成功申请国家 02 专项二期"20-14nm 集成电路碱性抛光液与清洗液的研发"引领项目。

在生态环境功能材料先进制备技术及应用方面，攻克了电气石、海泡石等典型无机非金属矿物材料的节能环保功能化、固废资源化与材料化等技术难关，形成了多项国际领先的科研成果；申报的"环保非金属矿物功能材料制备技术及应用研究"项目 2017 年获"十三五"国家重点研发计划立项支持；建成了生态环境与信息特种功能材料教育部重点实验室，工信部与河北省共建的固废资源利用与生态发展创新中心。

在特殊环境机器人方面，针对灾后救援、核电在役检测、危险品储罐在役监测与维护、卫星柔性装配、建筑施工智能化、智能康复等特殊与高危行业急需解决的重要基础理论与方法、关键技术等问题，攻克了面向危险品的嗅、视、听融合识别技术、机器人耐辐照技术、机器人柔性关节与柔性作业技术等；获得了国家863计划、国家自然科学基金、国家科技支撑计划、国家709计划等多项国家级项目支持；成果在中石化、广核集团、中航工业集团、河北建工集团等大型企业实现了示范应用和产业化推广，创造了经济效益数十亿元。

在绿色高效分离过程集成技术装备方面，首创了具有自主知识产权的大通量高效立体传质塔板技术，填补了国内外关于立体喷射型塔板理论研究的空白，达到国际领先水平；成果已在石化、制药等行业300余家大中型企业成功应用，并推广到古巴、印度等国的化工企业，近五年累计新增销售额超过300亿元；获得国家科技进步二等奖、河北省技术发明一等奖；学术带头人李春利教授荣获侯德榜化工科技成就奖，建成化工节能过程集成与资源利用国家地方联合工程实验室。

在建筑能源系统优化控制技术及应用方面，基于可再生能源有效利用的多能耦合建筑供能技术以及建筑能源系统优化控制技术，突破了建筑供能系统能源高效利用的系列关键技术，开发的智慧热网系统已应用到全国16个省份，供热面积超过2亿平方米，每年节能量达20万吨标准煤以上，减少二氧化碳排放70万吨以上，取得了显著的节能效果。

（四）建设内容

1. 人才培养

将人才培养作为一流学科建设的核心工作，坚持立德树人，坚持以学生为中心，把促进学生的全面发展作为衡量人才培养水平的根本标准。

（1）构建高层次创新创业人才培养体系。健全学科创新创业教育课程体系，丰富本科生创新创业类课程，强化创新创业实践，构建起课堂教学、自主学习、实践锻炼、指导帮扶、文化引领融为一体的创新创业教育体系，将创新创业教育融入教育教学全过程。加强与京津冀区域企事业单位和国内外知名高校合作，建立校企、校校协同育人机制。

（2）优化调整专业。根据学科群建设内容，结合"新工科"建设，设置新的本科专业（专业方向），科学制定培养方案，开发专业课程和教材，配齐配强教师队伍。优化现有学科布局和专业结构，实施大类招生选拔机制，提高学生专业选择自由度。进一步调整学科群所覆盖的电气工程及其自动化、金属材料工程、机械设计制造及其自动化、测控技术与仪器等专业设置和专业定位，突出专业交叉融合，建设先进装备技术、人工智能、智能制造等专业；将智能创新设计、高性能材料及器件、智能感知与检测、机器人机构设计与系统集成等技术的最新发展和实践引入教学过程，按照工程逻辑，构建学习成果导向的课程模块和教学内容；推进信息技术和教育教学深度融合，充分利用虚拟仿真等技术创新工程实践教学方式，提高教学的互动性、智能化和个性化水平，形成以学生为中心的工程教育模式，培养学生的设计思维、工程思维、批判性思维、数字化思维和工程技术创新能力。

（3）严控教学质量。严格教师管理，实施教师准入制度和挂牌上课制度，建立课程建设与评估长效机制，增加课程挑战度和训练量，加强课程教学过程考核，实施教考分离，全面提升课程教学质量。

（4）深化研究生培养机制改革。进一步优化学位点布局，扩大研究生特别是博士研究生培养规模；积极推进研究生分类培养，开展学科交叉研究生培养；打破导师资格终身制，实施导师招生年度申请审核制。引入学科群研究前沿的国内外高水平专家学者成立导师组，开展研究生联合培养，提升研究生培养的国际化水平。

（5）提高生源质量。实施本科生生源工程，加强优秀生源基地建设，持续提升本科生生源质量；加大研究生资助力度，增强研究生招生吸引力，充分发挥学科教师在研究生招生中对考生学术能力、学术志趣、发展潜力的评价和决定作用，切实提高研究生生源质量。

2.科学研究

以知识创新和技术突破为导向，加强一流学科科研平台建设，创新科研组织方式，改革科研评价方法，着力提高学科群科研规模和质量。

（1）加强学科群高水平科研平台建设。围绕学科群四个学科方向，加快建设先进装备工程与技术创新平台、材料测试分析中心等一批高水平创新平台。

（2）大力实施重大科研项目和标志性成果培育工程。凝练科学研究方向，抓好前期基础研究，抓好重点研发计划、基金申报工作，抓好重大项目的组织工作和科研基地建设，在先进装备工程与技术各研究方向催生一批标志性成果，快速提升学科群科学研究的水平。

（3）改革科研评价方法。建立以科研成果的科技创新质量和实际贡献为导向的科研评价机制。针对研究人员、创新团队、平台基地、研究项目等不同对象，基础研究、应用研究、技术转移、成果转化等不同工作的特点，制定科学的分类评价标准。

3. 社会服务

抓牢用好京津冀协同发展等重大战略机遇，发挥好一流学科的人才和科技优势，服务国家和区域经济社会发展。

（1）搭建校地合作产业技术创新平台。根据京津冀空间和功能规划，在区域内布局建设一批工业技术研究院分院，在校内建设若干个服务区域产业发展的重点科技平台，开展产业关键共性技术研究，助推产业转型升级和战略性新兴产业发展。

（2）深化产学研合作。鼓励教师到有关行业重点企业开展合作研究和科技兼职，遴选企业专家兼任校外导师，通过联合培养研究生、共建实验室、联合开展重大项目研究等方式深化产学研合作，服务企业快速提升技术水平。

（3）健全科研成果转化机制。建立职业化的成果转化团队，构建技术转移网络平台，创新技术转移转化模式，实现科技成果与地方和企业的有效对接转化。

4. 师资队伍建设

坚持以人为本、引育并举，努力构建一支由若干活跃在相关行业和国际学术舞台上的领军人才和一批优秀的青年杰出人才构成的人才队伍，为一流学科建设提供有力的人才支撑。

（1）加强高水平人才引进和培养。大力实施"元光学者"人才建设工程，千方百计联系优秀人才、吸引优秀人才，千方百计服务好新进教师，建设一支由院士、领军人才、青年杰出人才和青年骨干学者组成的高水平人才团队。

（2）大力实施科技创新团队培育工程。依托重点科技平台、重大科技项目、重大产学研合作项目，重点培育多个能够直接服务相关产业发展、承担重大项目、产生重大成果的创新团队。

（3）加大引智工作力度。加强与京津冀高校的交流与合作，提高外籍专家等智力资源的共享水平，积极申报外籍高端专家项目，邀请国外知名专家学者来校工作或讲学。

（4）完善教师管理机制。建立"标准明确、权责清晰、评价公正、流动有序"的教师管理机制。建立教师分类管理制度。完善绩效考核分配办法，加大对高端人才的全方位重点支持。

5. 文化传承创新

传承弘扬"工学并举"办学特色，将"工艺非学不兴，学非工艺不显""既习其理、又习其器""教学科研生产一体化""理论与实践、办学与兴工、立校与报国"的办学理念融入学科建设的各方面、全过程，突显工大特色文化，发挥好文化育人作用，以文化引领、凝聚一流学科建设的强大能量。积极开展多种形式的学术、文化活动，着力营造求真务实、尊师笃学、崇尚学术的校园文化氛围。完善科研学术规范，加强师生学术道德和学术规范教育，引导教师潜心教书育人，培育优良校风、教风和学风，彰显大学精神。

6. 国际交流与合作

与国外知名院校在智能、健康、环境领域开展高层次合作办学。积极主办、承办高水平国际学术会议和学术交流活动。加大专任教师特别是中青年教师出国学习、交流支持力度。加强学生国际交流，支持在校学生赴国外学习深造或短期交流，推进来华留学生教育工作。学科各项建设内容的进度安排见表4。

表4　学科建设进度安排

时间	工作进展
2017年—2018年	开展一流本科教育，加强新工科专业建设；优化资源配置，加强重点科技平台和团队建设，建立实施科研分类评价制度；与特种作业机器人、电工装备、新能源装备的行业龙头企业建立深层次合作关系；建立健全人才引进工作机制，加大人才引进工作力度。
2018年—2019年	丰富完善新工科专业课程体系，建成多个校企协同育人基地，培育一批学生创新创业团队或社团；加强重点科技平台建设，建设多个重点科研基地；实现一批教师在企业科技兼职和企业专家兼任校外导师，建立一支职业化的成果转化队伍；持续推进人才引进工作，建立实施教师分类管理制度。
2019年—2020年	基本构建起具有"工学并举"办学特色的创新创业教育体系，申报国家级教学基地及国家级教学成果奖；建成多个高水平团队，产出一批具有国际先进水平的研究成果；基本建成覆盖区域主要区市的技术创新平台网络；持续推进人才引进工作，初步建成由顶尖人才、高端人才和优秀青年人才组成的学术梯队。

（五）预期成效

1. 学科水平方面

学科群建设实现阶段发展目标，为河北省、天津市传统产业升级及先进装备制造等战略性新兴产业发展提供重要科技和智力支撑；主要依托学科领域进入ESI学科排名前1%；在创新设计、微电子技术与材料制备、特种作业机器人、绿色节能装备等领域形成本校独有的特色和优势。

2. 人才培养方面

构建和完善跨学科专业创新人才培养机制，实现校企、校校协同育人；显著提升该学科专业本科生、研究生的社会责任感、创新精神、创业意识、实践能力和创新创业能力，持续提升学生进入国内外名校深造或进入国内外一流企业或科研院所工作的比例；实现教育部示范性虚拟仿真实验教学项目及国家级教学成果奖的新突破，新增高等教育实践竞赛及创新创业奖励数十项。

3. 科学研究方面

充分发挥多学科交叉优势，突破一批先进装备工程与技术学科群的基础理论和关键技术；现有国家级和省部级科研基地得到进一步发展，研究能力与水平得到整体提升，着力打造 1 个国家重点实验室（工程技术研究中心），申报多项国家重大科技项目，实现国家级科技奖励新突破。

4. 社会服务方面

加强与河北省、天津市重点发展的先进装备产业深度融合，建成支撑产业发展的高素质人才培养基地和科技创新策源地；与重点企业、科研院所合作建设产业技术创新联盟，围绕特种机器人、智能电网设备、新能源成套设备、绿色化工技术装备等协同开展关键技术研发与系统集成工作，为行业企业创造可观经济及社会效益。

5. 教师队伍方面

新培养和引进院士、长江学者、国家杰青等人才 10 名左右，青年拔尖人才和青年学术骨干形成百人以上规模；建成一支能承担国家重大项目、能产出原创性研究成果、能培育高水平创新人才、具有国际学术视野的创新团队；教师队伍学历结构和年龄结构明显改善，教师队伍国际化水平明显提升；通过实施青年教师导师制培养计划、实践能力提升工程，开展教学学术社区建设、教学诊断与教学培训，显著提高教师教育教学水平、应用现代信息技术教学的能力和工程实践能力，培育一批深受学生喜爱的教学型名师；建立起师德师风建设长效机制，培养和造就有理想信念、有道德情操、有扎实学识、有仁爱之心的优秀教师队伍。

6. 国际影响方面

与国外知名院校、机构建立起长期合作与交流机制，联合开展多项高水平科技项目研究；学科国际合作办学覆盖本科生与研究生各层次；吸引更多留学生到校学习；学科优势特色方向引领国内外研究趋势，显著提高学科国际影响力。

三、学校整体建设

（一）拟建设学科对带动学校整体建设的作用

支撑引领相关学科发展。"先进装备工程与技术"学科群能够为学校"新能源与节能环保工程与技术""智慧基础设施工程与技术""大健康工程与方法""先进数据工程与技术"等学科群建设提供有力的技术与智力支持。

提升学科建设整体水平。通过支持开展跨学科科研，建设跨学科科技平台，共享优质学科资源等方式，实现学科建设之间的相互支撑、相互促进，快速提升学校学科建设整体水平，推进"先进装备工程与技术"学科群进入世界一流学科行列，并带动其他部分学科接近或达到世界一流学科水平。

带动学校整体建设。依托一流学科建设，创新人才培养机制，切实提高人才培养与社会需求的契合度；创新科研组织运行模式，围绕产业链部署创新链，切实提高服务国家和区域经济社会发展的能力；加强师生国际交流与合作，切实提高学校办学国际化水平。规划建设"先进装备工程与技术"学科群，对学校传承弘扬"兴工报国"办学传统与"工学并举"办学特色，落实"全面提高办学质量、全面深化综合改革、全面推进依法治校、全面加强党的建设和全力助推京津冀协同发展"重点战略任务，加快实现高水平大学建设目标具有重要的作用。

（二）落实建设任务和改革任务的具体政策举措

学校全面贯彻落实党的十九大精神和全国高校思想政治工作会议精神，以习近平新时代中国特色社会主义思想为指导，加强党对学校各项工作的领导，全面贯彻党的教育方针，坚持社会主义办学方向，坚持立德树人，坚持中国特色、世界一流，按照《统筹推进世界一流大学和一流学科建设总体方案》要求，制定政策举措，认真落实有关建设任务和改革任务。

1. 落实建设任务的具体政策举措

（1）建设一流师资队伍

实施"元光学者"人才建设工程、科技创新团队培育工程、青年教师实践能力提升工程，新培养和引进多名院士、长江学者、国家杰青等国家级人才，国家优青、青年千人等青年拔尖人才和"元光学者"等学术骨干大幅增加；培育多个可直接服务冀津产业发展的高水平科技创新团队。

加强师德师风建设，建立师德建设长效机制和师德建设工作评估体系。健全以岗位绩效工资为主体、年薪制、协议工资制等并存的多元薪酬体系，完善绩效考核分配办法，加大对高端人才的重点支持。

（2）培养拔尖创新人才

坚持立德树人，以理想信念教育为核心，以社会主义核心价值观为引领，将思想政治工作贯穿教育教学全过程，构建全员、全程育人、全方位育人的大格局。

完善学科专业预警、退出管理办法，探索建立需求导向的学科专业结构和创业就业导向的人才培养类型结构调整机制，积极探索大类招生选拔机制，建设一流本科教育。持续优化专业布局，建成多个在全国具有竞争优势的品牌专业，一批特色专业；动态调整学位授权点，完善研究生跨学科培养机制，积极构建学术学位研究生、专业学位研究生分类培养模式。

构建高层次创新创业人才培养体系，积极推进"理论、实践两条主线，创新创业教育贯穿全过程"、科学基础、实践能力和人文素养融合发展的本科人才培养模式，加强大学生创新实践训练活动，全面推进实施"四个一"工程。健全人才培养质量保障与监控体系，把好教学质量关，提高人才培养质量。

（3）提升科学研究水平

实施高水平科技创新平台和创新团队建设工程，围绕国家战略目标与京津冀产业发展需求，着力打造 1 个国家重点实验室（工程技术研究中心），新增建设多个省部级协同创新平台。

实施重大科研项目和标志性成果培育工程。实现国家级科技奖励、Nature/Science 等刊物论文的新突破。

实施科技创新合作工程。加强与国内外高水平大学的交流与合作，推进欧盟 OIPEC 技术创新方法项目等国际、国内合作研究项目，联合主办高水平国际学术会议，开展科技信息资源，共享平台建设，培育一支具有国际视野的高水平科技人才队伍。

实施军工科研创新活力增强工程。加大对军工科研的政策性引导及投入力度，加强与军工企业、科研机构的协同创新，加快军工科研成果产业化、工程化，推动军民融合深度发展。

加强宣传与引导，在校内营造浓厚的学术氛围和宽松的创新环境，保护创新、宽容失败，大力激发师生创新活力。

（4）传承创新优秀文化

加强大学文化建设，形成推动社会进步、引领文明进程、具有特色的大学精神与大学文化。坚持将社会主义核心价值观融入学校教育教学全过程。加强科学道德和教风学风建设。进一步弘扬工大精神，完善制度建设，规范师生行为，建设形成体现社会主义核心价值观念、秉承学校传统、蕴涵学校特色、彰显学校优势、体现学校精神且师生满意的大学文化，使"工学并举"的办学特色融入广大师生的学习工作实践，使"勤慎公忠"的校训精神成为全体工大人自觉的文化追求。

（5）着力推进成果转化

建成覆盖区域主要区市和有关产业的工业研究院创新平台，与特种作业机器人、电工装备、新能源装备的行业龙头企业、科研院所合作建设产业技术创新联盟，协同开展产业共性关键技术研发、技术集成开发工作。建设若干众创空间，推动成果转化与创新创业互动融合。

探索科技成果转移转化的有效机制与模式，将学校技术转移中心打造成运营机制灵活、专业人才集聚、服务能力突出、具有一定影响力的国家技术转移机构。

2.落实改革任务的具体政策举措

（1）加强和改进党对学校的领导

全面贯彻落实党的十九大精神，贯彻落实党的教育方针，坚定中国特色社会主义道路自信、理论自信、制度自信、文化自信。牢固树立"四个意识"，落实管党治党、办学治校主体责任，确保学校党委在"世界一流学科"建设中把方向、管大局、作决策、保落实，锻造"世界一流学科"建设坚强领导核心。坚持和完善党委领导下的校长负责制，改革和完善推进"世界一流学科"建设的体制机制。深入贯彻落实全国高校思想政治工作会议精神，进一步加强和改进新形势下学校宣传思想工作。引导各级党组织和广大党员用习近平新时代中国特色社会主义思想武装头脑、指导工作，有效发挥学校各级党组织战斗堡垒作用和党员先锋模范作用。严肃党内政治生活，加强党内监督，驰而不息纠正"四风"，严格执行党风廉政建设责任制，切实把党要管党、从严治党的要求落到实处。

（2）完善内部治理结构

建立健全党委领导、校长负责、教授治学、民主管理的内部治理结构。加强以学术委员会为核心的学术管理体系建设，充分发挥学术委员会在学科建设、学术评价、学术发展和学风建设中的重要作用。完善民主管理和监督机制，拓宽教职工参与学校管理的渠道，积极探索师生代表参与学校决策的机制。完善学校信息公开制度，保障教职工、学生、社会公众对学校重大事项、重要制度的知情权。

（3）实现关键环节突破

加快推进人才培养体制改革，建立校企、校校协同育人机制。建立社会导师制，支持学生实地参加专业性实习实践。加强与区域其他高校的合作，实施多种形式的联合办学。

加快推进人事制度改革，科学设置教师岗位，强化岗位聘任、分类管理和考核，逐步形成合理的教师流动和淘汰机制。落实人才优先发展战略，制定高端人才培养引进专项计划和倾斜支持政策，形成具有竞争力的人才制度优势。

加快推进科研体制机制改革，建立以科研成果的科技创新质量和实际贡献为导向的科研评价机制。努力构建"基础创新 - 技术创新 - 创新成果推广 - 创新产业孵化"的科技创新链。完善促进成果转化的业绩考评与收益分配制度。健全科研经费管理责任制、风险防控机制和监督体系，有效规范科研经费的使用。

完善专项经费管理办法，加强经费使用的统筹协调，引导经费更多用于师资队伍建设、人才培养，提高经费使用效益。

（4）构建社会参与机制

坚持面向社会依法自主办学，加快建立健全社会支持和监督学校发展的长效机制。建立健全学校理事会制度。加强与行业企业、科研院所、社会团体密切合作，促进资源共享。推动建立资源募集和规范使用机制。积极引入专门机构对学校的学科、专业、课程等水平和质量进行评估。

（5）推进国际交流合作

完善学校国际交流与合作工作机制，强化学院在国际交流合作、合作办学和留学生教育等工作中的作用。加强与国际高水平大学和学术机构的实质性合作，组织教师与国外大学、研究机构开展合作研究。营造良好的国际化教学科研环境，吸引更多留学生和交换生到校学习。加强与京津冀高校的交流合作，提高外籍专家教师等智力资源的共享水平。积极邀请国外知名专家学者来校工作或讲学，积极参与国际教育教学评估和认证。

（三）推动建设学科发展的具体政策举措及进度安排

1. 创新建设机制

组建跨学院、跨学科的"先进装备工程与技术"学科群建设团队，设立一流学科建设"政策特区"，赋予团队充分的人才队伍建设、资源调配使用、内部管理激励、外部交流合作等权力。学校将一流学科建设成效作为考核建设团队和相关学院、学科工作业绩的主要依据。

2. 加大资金投入

统筹用好国家、河北省与学校资金，学校按规定可以自主使用的有关资金，加大一流学科建设投入，重点用于人才培养、师资队伍建设、科技平台建设、校园文化建设、国际交流与合作等方面，切实提高资金使用效益。

3. 加强人才引育

加大人才定向引育工作力度，围绕"先进装备工程与技术"学科群建设需要，发挥好学校人才工作领导小组、办公室和相关学院的作用，强化领导、明确职责、加强协调，聚全校之力，加强对院士、长江学者、国家杰青、国家优青、青年千人等高水平人才和学术骨干的培养和引进。

4. 营造良好氛围

把一流学科建设作为学校各项工作的重中之重来抓，及时报道一流学科建设成果，表彰一流学科建设先进团队和个人，在全校形成人人关心、人人服务一流学科建设的良好氛围。

（四）相关体制机制建设

1. 加强组织管理

成立河北工业大学一流学科建设领导小组，负责学校学科建设规划、统筹协调、经费投入等重要事项决策。学校办公室、发展规划部、财务处等部门负责完善经费投入、绩效评价和资金管理等具体配套制度和办法，加强组织管理，注重工作实效，有序部署、加快推进学校一流学科建设工作。一流学科建设日常工作由学校发展规划部承担。

2. 健全自我评价调整机制

完善政策配套，优化绩效评价与激励约束机制，健全自我评价调整机制。结合第三方评价和学校每年组织的自评，对建设过程进行动态监测与评价，根据评价结果、资金使用管理及区域产业结构调整等情况，动态调整学科建设内容、各学科方向及研究方向的支持力度，增强建设的有效性。

3. 优化资金筹集与资源配置机制

完善政府、社会、学校等多元投入机制，增强学校按规定统筹安排经费的能力。完善经费使用管理方式，根据实际建设成效实施重点支持、精准支持和差别化支持等举措，用足用好国家和河北省支持学校"双一流"建设的各类专项资金，提高资金使用效率。

后　记

河北省在地理位置上处于我国的东部地区，在高等教育区域分布上却经常被划分为中部地区，其中最重要的原因与其高等教育实力偏弱密切相关。作为燕山大学的一名科研管理人员，我对河北省高等教育的改革与发展，尤其是"双一流"建设背景下河北省高校服务经济社会发展能力的提升尤为关注，并以此作为自己的研究兴趣和研究方向，先后承担了"河北'双一流'大学建设契机下高校服务地方经济社会发展研究""后疫情时代高校智库的使命和智库建设""河北省构建军民科技协同创新体系路径研究""高校智库成果实现优质产出和有效转化路径研究""河北省高校智库建设特点与运行模式研究""河北省以科技创新项目吸引京津人才的路径研究"和"高校科技创新团队建设研究——以燕山大学为例"等一系列省级科研项目，希冀为河北省高等教育事业的发展，尤其是河北省新型智库建设、"双一流"建设贡献一点点力量。

本书既是我承担的河北省社会科学基金项目"河北'双一流'大学建设契机下高校服务地方经济社会发展研究"（HB21JY011）的研究成果，也是近十年来我对这一研究领域相关成果结合工作经验的一次系统梳理与集中呈现。看着这本书从一字字开始直到慢慢成书，觉得其中的喜悦与痛处、欢乐与艰辛都那么值得铭记与珍惜，正如狄更斯将自传体小说《大卫·科波菲尔》比作他最为疼爱的孩子一样。

面对一束光、一个鼓励，都心怀感激。这一本拙作的出版，离不开我求学读书和工作生活中为我传道、授业、解惑的师长和领导的指导与帮助，离不开家人无私的奉献和支持，离不开燕山大学出版社编辑们的认真编校和把关，在此一并致以最诚挚的感谢。

岁月如歌，保持学与问的人生。希望本书的出版，能起到抛砖引玉的作用，引发一些思考，为河北省高校的发展提供有益的借鉴。